Kohlhammer

Praxiswissen Erziehung

Eine Übersicht aller lieferbaren und im Buchhandel angekündigten Bände der Reihe finden Sie unter:

 https://shop.kohlhammer.de/praxiswissen-erziehung

Matthias Euteneuer,
Anke Kerschgens

Neubeginn nach Trennungen

Gestaltungs- und Entwicklungswege für Familien

Mit juristischen Hinweisen von
Nina Reit-Born

Verlag W. Kohlhammer

Dieses Werk einschließlich aller seiner Teile ist urheberrechtlich geschützt. Jede Verwendung außerhalb der engen Grenzen des Urheberrechts ist ohne Zustimmung des Verlags unzulässig und strafbar. Das gilt insbesondere für Vervielfältigungen, Übersetzungen, Mikroverfilmungen und für die Einspeicherung und Verarbeitung in elektronischen Systemen.

Die Wiedergabe von Warenbezeichnungen, Handelsnamen und sonstigen Kennzeichen in diesem Buch berechtigt nicht zu der Annahme, dass diese von jedermann frei benutzt werden dürfen. Vielmehr kann es sich auch dann um eingetragene Warenzeichen oder sonstige geschützte Kennzeichen handeln, wenn sie nicht eigens als solche gekennzeichnet sind.

Es konnten nicht alle Rechtsinhaber von Abbildungen ermittelt werden. Sollte dem Verlag gegenüber der Nachweis der Rechtsinhaberschaft geführt werden, wird das branchenübliche Honorar nachträglich gezahlt.

Dieses Werk enthält Hinweise/Links zu externen Websites Dritter, auf deren Inhalt der Verlag keinen Einfluss hat und die der Haftung der jeweiligen Seitenanbieter oder -betreiber unterliegen. Zum Zeitpunkt der Verlinkung wurden die externen Websites auf mögliche Rechtsverstöße überprüft und dabei keine Rechtsverletzung festgestellt. Ohne konkrete Hinweise auf eine solche Rechtsverletzung ist eine permanente inhaltliche Kontrolle der verlinkten Seiten nicht zumutbar. Sollten jedoch Rechtsverletzungen bekannt werden, werden die betroffenen externen Links soweit möglich unverzüglich entfernt.

1. Auflage 2023

Alle Rechte vorbehalten
© W. Kohlhammer GmbH, Stuttgart
Gesamtherstellung: W. Kohlhammer GmbH, Stuttgart

Print:
ISBN 978-3-17-039274-8

E-Book-Formate:
pdf: ISBN 978-3-17-039275-5
epub: ISBN 978-3-17-039276-2

Inhalt

Einleitung   **9**

1 Familienleben heute – Trennungen im Kontext einer neuen Vielfalt   **11**

1.1 Offenere Familienvorstellungen – ambivalente Praxis   12
1.2 Trennungen als Bruch mit dem selbstverständlichen Familienmodell   14
1.3 Familie im Wandel – Daten und Fakten   16
1.4 Als Familie nach Trennungen gemeinsam leben – eine neue Herausforderung   23

2 Die Paarbeziehung als zerbrechlicher Kern von Familien   **26**

2.1 Die Bedeutung der Paarbeziehung für die Familie – Das Elternpaar als Liebespaar   27
2.2 Die Zerbrechlichkeit der Liebe – Übertragung, Projektion und Kollusion als Mechanismen   30
2.3 Die »kollektive Schuld« – Gesellschaftliche Ursachen für Trennungen   36

3 Das Ende von Paarbeziehungen – Wenn die Liebe endet ...   **40**

3.1 Eine eigene Welt und ihre Auflösung – Soziologische Aspekte des Paar-Seins und Trennens   40

Inhalt

3.2	Sinnfindung in Trennungen – Gesichtswahrung und Identitätsfindung	42
3.3	Die Arbeit des Entliebens – Trennungsverläufe und Trennungsfolgen	51
3.4	Bewältigungsaufgaben nach einer Trennung	57

4 ... und das gemeinsame Elternsein weitergeht – Familienmodelle nach einer Trennung   66

4.1	Die Zusammenarbeit der Eltern nach einer Trennung	67
4.2	Familienmodelle nach Trennung	73
4.3	Freiheit der Eltern bei der Suche nach einem passenden Modell – und ungewollte Grenzen	87
4.4	Multilokales Familienleben – Praxistipps zur Gestaltung	91
4.5	Fortsetzung folgt – Patchworkfamilien	94

5 Belastungen und Entwicklungschancen für Kinder   100

5.1	Was bedeutet die Trennung der Eltern für die betroffenen Kinder?	101
5.2	Schutz- und Risikofaktoren	102
5.3	Wie erleben Kinder eine elterliche Trennung?	104
5.4	Typische Emotionen	105
5.5	Perspektiven der Bindungstheorie	109
5.6	Elterliche Trennungen mit Blick auf Triangulierung	114
5.7	Entwicklungspsychologische Perspektiven	117
5.8	Was brauchen Kinder?	137

		Inhalt

6 Hochkonflikthafte Konstellationen und Kontaktabbrüche zwischen Eltern und Kindern 144

6.1	»Normale« und eskalierende Prozesse der Trennungsverarbeitung bei Erwachsenen	144
6.2	Hochstrittige Paare	148
6.3	Kontaktabbrüche und Entfremdung	153

7 Beratungs- und Begleitangebote – Ein Überblick 163

7.1	Trennungs- und Scheidungsberatung, Erziehungsberatung	163
7.2	Rechtsberatung	165
7.3	Therapeutische Angebote	167
7.4	Familienbildungsangebote, Elternkurse	168
7.5	Selbsthilfegruppen	169
7.6	Spezielle Angebote für Frauen, Männer, Kinder	170
7.7	Hilfen bei Gewalt – Frauenhäuser und Männertelefon	171

Literatur 173

Der Autor und die Autorinnen 184

Einleitung

Trennungen und Scheidungen kommen in Familien heute relativ häufig vor und sind Teil unserer gesellschaftlichen Normalität. Trotzdem stellt das Scheitern einer Paarbeziehung – gerade, wenn Kinder betroffen sind – eine ungewollte und schmerzhafte Erfahrung dar, die bei Außenstehenden oftmals auf Ablehnung stößt. Eltern trennen sich aber weder aus einer Laune heraus noch aus einer rationalen Abwägung von Risiken und Chancen, sondern weil sie ihre Partnerschaft aus ganz unterschiedlichen Gründen als gescheitert erleben. Viele Eltern fühlen sich den Kindern gegenüber schuldig, schämen sich und/oder sind wütend. Und trotz aller Konflikte und Belastungen muss gleichzeitig das Familienleben weitergehen.

Für Eltern, die sich trennen, ergeben sich daraus viele Fragen und es müssen neue Entwürfe für den Alltag und das Leben mit den Kindern entstehen. Was mache ich mit meiner Wut und meiner Traurigkeit? Wie und wo will ich leben? Wie wird die Familie danach aussehen? Was ist überhaupt (finanziell und alltäglich) möglich? Wie können vor allem die Kinder die Trennung gut überstehen?

Ausgehend von einem Blick auf aktuelle Veränderungen für Familien, beschreiben wir in diesem Buch typische Prozesse bei einer Trennung und erläutern, wie die entstehenden emotionalen und alltäglichen Herausforderungen gemeistert werden können. Wir stellen charakteristische Konflikte vor und geben Hinweise, wie ein neuer Entwurf von Familie gelingen kann. Dabei nehmen wir insbesondere die Kinder, deren Reaktionen und Entwicklungsmöglichkeiten in den Blick. Schließlich gehen wir auch auf eskalierende Konflikte, sogenannte hochstrittige Eltern, ein. Das Buch berücksichtigt dabei aktuelle soziologische, pädagogische und entwicklungspsychologische Diskurse. Viele Fallbeispiele veranschaulichen die Inhalte und bilden eine Brücke in die (eigene) Praxis. Einblicke in grundlegende Rechtsfragen durch die Juristin Nina Reit-Born und ein

Anhang zu Beratungs- und Unterstützungsangeboten vervollständigen das Buch.
Drei Erkenntnisse sind uns dabei besonders wichtig:

- Zum einen stellt das neue Ideal der gelingenden Zusammenarbeit der Eltern nach einer Trennung ein Dilemma dar, denn die Trennungsrealität ist gleichzeitig emotional, dynamisch und manchmal dramatisch. Das Kooperieren als Eltern und der Wunsch nach Distanzierung als Paar sind zunächst gegenläufig.
- Zweitens ist die Frage der »Wahl« eines Lebensmodells nach einer Trennung nie ganz frei – denn dieses hängt hochgradig vom Verhalten und den Wünschen des*der Ehemaligen ab und von vielfältigen finanziellen, beruflichen, räumlichen und biographischen Gegebenheiten.
- Und schließlich ist es eine wichtige Erkenntnis, dass die Qualität der Beziehung zu den Eltern, deren Verlässlichkeit und konstruktive Konfliktlösungen für das Wohlergehen von Kindern wichtiger sind als ein bestimmtes Familienmodell.

Wir haben dieses Buch als Wissenschaftler*innen und Berater*innen geschrieben, aber auch als Elternteile, die jeweils eigene Erfahrungen mit familiären Trennungen mitbringen. Wir hoffen, dass sich unser Buch für Eltern, Fachkräfte und alle anderen Interessierten als hilfreich erweist, um differenzierte Wahrnehmungen, konstruktive Umgangsweisen und mögliche Perspektiven für ein *genügend gutes* Familienleben nach Trennungen zu eröffnen.

1 Familienleben heute – Trennungen im Kontext einer neuen Vielfalt

Was Familie ist, wer zur Familie gehört und wie Familienangehörige zusammen leben ist sehr unterschiedlich. Trotzdem gibt es für eine bestimmte Kultur und eine bestimmte Zeit typische Muster des Zusammenlebens. Über die Kulturen und Zeiten hinweg ergibt sich jedoch wieder eine erstaunliche Vielfalt, wie Familie gelebt werden kann. Auch in heutigen westlichen Industriegesellschaften verändern sich die Lebensweisen von Familien laufend – ehemals typische Muster werden fraglich und schrittweise durch neue ersetzt.

Die Familienforschung zeigt dabei vor allem, dass Familie in den letzten Jahrzehnten vielfältiger geworden ist: Erwachsene und Kinder leben heutzutage in unterschiedlichen Kombinationen und Rollenmustern als Familie miteinander. Die gesellschaftlich anerkannten Gestaltungsspielräume für Familien sind größer als z. B. in der Bundesrepublik der 1950er und 1960er Jahre, in denen das Ideal einer Kleinfamilie mit einem erwerbstätigen Vater, einer Mutter als Hausfrau und zwei Kindern besonders stark war. Ob und inwieweit dies nun die Familie in eine Krise führt, oder als Wiederkehr einer historisch ganz normalen Vielfalt von Familie zu bewerten ist, ist nicht nur unter Sozialwissenschaftler*innen umstritten (Peuckert 2019, 2). Auch in öffentlichen Debatten wird diese Entwicklung mal als Befreiung aus Zwängen begrüßt, mal wird etwas skeptischer auf die damit verbundenen Anstrengungen und Belastungen für alle Familienmitglieder verwiesen und gelegentlich wird die Entwicklung immer noch als bedrohlich für den Bestand der konservativ-traditionell gedachten Institutionen der Ehe und der Familie angesehen.

1 Familienleben heute – Trennungen im Kontext einer neuen Vielfalt

1.1 Offenere Familienvorstellungen – ambivalente Praxis

Unabhängig von der Bewertung kann man jedoch in vielerlei Hinsicht eine Öffnung der Vorstellungen von Familie feststellen. Nicht nur Wissenschaftler*innen thematisieren dies, sondern auch alltäglich und medial wird das Familienleben in seiner Vielfalt sichtbar: Hier sind Alleinerziehende, getrennt lebende und zusammen erziehende Eltern, Pflege-, Patchwork-, Stief- oder Fortsetzungsfamilien präsent, ebenso wie Familien mit queeren Eltern, Paare mit neuen Geschlechterrollen, aber auch Familiengründungen durch künstliche Befruchtung, Samen- oder Eizellenspende sind präsenter.

In der wissenschaftlichen Debatte ist zugleich aber auch umstritten, in welchem Ausmaß und im Hinblick auf welche Aspekte von einer Pluralisierung von Familie gesprochen werden kann. Dies liegt u. a. an drei Aspekten: Erstens bestehen in der alltäglichen *Praxis* von Familien *traditionelle Elemente häufig gleichzeitig mit neuen Formen* – man denke z. B. an eine Patchworkfamilie mit traditioneller Arbeitsteilung. Zweitens ist nicht nur die Praxis, sondern es sind auch Familienvorstellungen vielfältiger geworden, aber die verschiedenen Formen, Familie zu leben, werden implizit immer noch mit der *»Normalfamilie«* aus den 1950er Jahren *verglichen*. So wird alltäglich wie wissenschaftlich z. B. häufig danach gefragt, ob Kinder in den neueren Familienformen genauso gut aufwachsen können wie in einer »normalen« Familie. Drittens spielen bei Familien immer *emotionale Bedürfnisse und Beziehungen* eine Rolle, zwischen den Erwachsenen, aber auch zwischen Eltern und Kindern. Familie wird daher nicht (nur) bewusst entworfen und gestaltet, sondern auch unbewusst und ist daher sowohl ambivalent als auch veränderlich. Zudem müssen bewusste Vorstellungen, emotionale Bedürfnisse und die alltägliche Praxis in einer Familie keineswegs übereinstimmen – sei es, weil die Möglichkeiten die gewünschte Praxis umzusetzen fehlen, sei es, weil sich bestimmte Praxen ganz unbemerkt durch-

1.1 Offenere Familienvorstellungen – ambivalente Praxis

gesetzt haben, weil sie unveränderlich erscheinen oder auch weil sich Gefühle verändert haben. Das Familienleben stellt immer eine Kompromissbildung dar: Schließlich müssen zwei Erwachsene gemeinsam ein Zusammenleben mit Kindern unter bestimmten Rahmenbedingungen praktisch umsetzen und dabei Beziehungen gestalten.
Als ähnlich kompromisshaft muss man daher auch Familien mit getrennten Eltern verstehen. Auch hier gibt es nicht nur die Lösungen auf der Ebene von Vorstellungen, wie Familie gelebt werden könnte, sondern in die tatsächliche Alltagspraxis fließen (oft unreflektiert) emotionale Wünsche ein. Auch bei getrennten Eltern ist die Alltagspraxis von dem, was möglich und umsetzbar scheint, begrenzt. Die Tatsache der Trennung des Paares erschwert dabei oftmals die Suche nach Lösungen. Sie schränkt die Einigungsfähigkeit und die Fähigkeit gemeinsam zu handeln ausgerechnet zu einem Zeitpunkt ein, an dem komplexe Entscheidungen mit Blick auf das Familienleben gemeinsam angegangen werden müssten. Dies zeigt auch das folgende Fallbeispiel (Euteneuer/Uhlendorff 2020, 290):

Fallbeispiel Frau Ehlers – Wünsche und Vorstellungen, unerwartete Dynamiken und das Machbare
Frau Ehlers ist als Kind in einer aus ihrer Sicht »völlig durchschnittlichen« Familie der 1960er und 1970er Jahre aufgewachsen. Ihre Mutter war die Hauptsorgetragende für sie und ihren Bruder, ihr Vater eine wichtige Bezugsperson im Familienalltag, die aber vornehmlich im Rahmen von Freizeit- und Wochenendaktivitäten präsent war. Als sich ihr Partner, mit dem Sie bereits eine gemeinsame Tochter hat, kurz vor der Geburt eines gemeinsamen Sohnes von ihr trennt, ist für sie selbstverständlich, dass er ins Familienleben eingebunden bleiben soll, »so wie die Meisten das haben, die alleinerziehend sind, die dann irgendwie ne 14-Tage-Regelung haben oder so«. Allerdings gelingt ihr diese erwünschte Einbindung des Vaters trotz Inanspruchnahme eines Mediationsangebotes nicht. Nachdem eine Weile unzuverlässiger Kontakt besteht, »wie zu einem Onkel, der ab und an mal vorbeischaut und

dann wieder verschwindet«, bricht der Kontakt ganz ab. Dies missfällt Frau Ehlers: »Ich find's schon scheiße so. Ich glaube, die Kinder bräuchten einen Vater, auch wenn er nur ab und zu da ist. Einfach um zu wissen, was dieses Vaterding ist.« Ihr Familiennetzwerk reduziert sich im Kern zwangsläufig auf sie und ihre Kinder, allerdings baut sie sich um diesen Familienkern ein Unterstützerinnennetzwerk aus Freundinnen und ihrer Mutter auf, mit dessen Hilfe sie den manchmal anstrengenden Alltag recht souverän meistert. Allerdings bleibt sie nicht nur finanziell auf sich allein gestellt. Auch männliche Bezugspersonen, die sie sich besonders für ihren Sohn wünscht, bleiben »Mangelware«. So versucht sie zwar über eine Familienbildungsstätte einen »Leihgroßvater« zu finden, erfährt aber nach längerer Wartezeit, dass überwiegend Frauen Interesse an der Vermittlung eines solchen Kontaktes haben und viele offener für einen Kontakt zu »vollständigen« Familien sind als zu Alleinerziehenden.

1.2 Trennungen als Bruch mit dem selbstverständlichen Familienmodell

Trennungen werden von den Beteiligten meist nicht nur als markanter Bruch mit dem bisher gelebten familialen Alltag, sondern auch als überwiegend ungewollter Bruch mit dem Selbstverständlichen, den Vorstellungen von Normalität erlebt. So sind z.B. bewusst geplante Mutterschaften ohne eine Beziehung zum Vater des Kindes selten (Peuckert 2019, 327). Die meisten Mütter und Väter sind ungeplant alleinerziehend bzw. in einer Trennungssituation – wie Frau Ehlers, die kurz vor der Geburt ihres Sohnes nicht mit einer Trennung gerechnet hatte. Sie denken aber zugleich offener wie auch grundsätzlicher über die Frage nach, was ihre Familie eigentlich ausmachen sollte und könnte, nachdem der gesellschaftlich »normale« und oft

1.2 Trennungen als Bruch mit dem selbstverständlichen Familienmodell

auch persönlich erhoffte Entwurf einer Kleinfamilie nicht oder zunächst nicht mehr verwirklichbar ist. Nicht selten bieten dabei biographische Erfahrungen Orientierung, sei es als (unbewusstes) Vorbild oder als Negativbeispiel – Frau Ehlers stellt sich zunächst vor, ihren ehemaligen Partner als »Wochenendpapa« zu integrieren, wie sie selbst einen hatte. Getrennte Eltern erleben, dass sie für sich eine neue Familienform finden und erfinden müssen – und das unter Mitwirkung aller Familienmitglieder. Genau an letzterem scheitert die Umsetzung der ersten Ideen von Frau Ehlers trotz Mediation. Alle Familienmitglieder erleben nach Trennungen eine Andersartigkeit, die ihnen auch gesellschaftlich gespiegelt wird – z. B. im Rahmen von Diskriminierung bei der Wohnungssuche und auf dem Arbeitsmarkt (Beigang et al. 2017), oder bei Frau Ehlers im Rahmen der Suche eines »Leihgroßvaters«. Insofern setzen sich Eltern nach Trennungen oft intensiv mit gesellschaftlichen Normalitätsmustern auseinander, die in Familien vor einer Trennung fraglos gegeben sind oder scheinen – wie viel »männliches Vorbild« braucht Frau Ehlers Sohn, und wo kann er dieses finden (Euteneuer/Uhlendorff 2020, 269)?

Wenn eine Trennung einen Bruch mit vorher selbstverständlichen Familienmodellen bedeutet, dann stellt sich zunächst die Frage, was das eigentlich für Modelle von Familie sind. Alle Familien heute sind in unterschiedlichem Ausmaß mit denselben gesellschaftlichen Veränderungsprozessen konfrontiert, wie der Frage der Vereinbarkeit von Familie und Beruf, neuen Vorstellungen von Vaterschaft und Mutterschaft und einem hohen Anspruch an die Förderung der kindlichen Entwicklung. Im Folgenden möchten wir daher einen kurzen Überblick über Lagen und Veränderungsprozesse von Familien heute geben und dabei besonders auf Trennungen und Scheidungen eingehen.

1.3 Familie im Wandel – Daten und Fakten

Trotz der Debatten um das Ausmaß der Pluralisierung von Familie besteht Einigkeit darüber, dass besonders drei Tendenzen den Wandel der Familie seit den 1950er Jahren kennzeichnen: Erstens verändern demographische, d. h. mit der Bevölkerungsentwicklung zusammenhängende Faktoren, Familie (z. B. Geburtenrate, Geburtenzeitpunkte, Lebenserwartung). Zweitens lässt sich feststellen, dass innerfamiliale Beziehungen stärker gleichberechtigt als früher gedacht werden. Und schließlich sind es tatsächlich Trennungen und Scheidungen, die seitdem maßgeblich zu einer wachsenden Vielfalt von Familienformen beitragen.

Demographischer Wandel – Weniger Kinder, weniger Familien, mehr geteilte Lebenszeit

Erstes Kennzeichen für den demographischen Wandel ist zunächst ein deutlicher *Geburtenrückgang*. So hätte sich nach Angaben der Weltbank (2022) aus den Geburten von 1964 ergeben, dass jede Frau in Deutschland durchschnittlich 2,54 Kinder in ihrem Leben bekommt. Bis 1994 sank dieser Wert auf 1,24, um sich seit dem leicht zu erholen und 2020 bei 1,53 zu liegen. Der Rückgang liegt daran, dass es weniger Familien mit drei und mehr Kindern gibt, aber auch an zunehmender (gewollter und ungewollter) Kinderlosigkeit. Dies führt zweitens dazu, dass *Familien »seltener« werden*. Der Anteil aller Haushalte, in denen Familien (also zwei Generationen) leben, ist stark gesunken. 2020 lebten dem Statistischen Bundesamt (2022a) zufolge in knapp der Hälfte aller Haushalte Alleinstehende, in einem Viertel Paare ohne Kinder und nur in einem weiteren Viertel Familien (Paare oder Elternteile mit Kindern). Zusammen mit einer steigenden Lebenserwartung sorgt dies drittens für eine *»Alterung der Gesellschaft«*, deren positive Seite aber auch darin besteht, das drei oder sogar vier Generationen einer Familie eine vergleichsweise lange Lebenszeit

1.3 Familie im Wandel – Daten und Fakten

miteinander verbringen – im Schnitt jedenfalls länger als historisch je zuvor. Großeltern leben zwar selten mit ihren Kindern und Enkel*innen in einem Haushalt zusammen, aber ihre Einbeziehung in das Familienleben ist oft intensiv. Forscher*innen sprechen hier von einer multilokalen (an verschiedenen Orten lebenden) Mehrgenerationenfamilie (Bertram 2000).

Beziehungen in der Familie – mehr Gleichheit, mehr Augenhöhe, höhere Erwartungen?

Auch innerhalb der Familien zeigen sich Veränderungen. Besonders deutlich ist dabei die Suche nach neuen Beziehungsformen, die durch mehr Gleichberechtigung und Aushandlungsprozesse auf Augenhöhe geprägt sind. Dies betrifft zum einen die *Arbeitsteilung* zwischen Männern und Frauen, die beide gleichmäßiger in Familien- und Erwerbsarbeit eingebunden seien sollen und wollen. Dem stehen aus Sicht der Eltern konservative gesellschaftliche Vorstellungen gegenüber, in denen Müttern weiterhin vornehmlich die Fürsorgerolle zugeschreiben wird und Vätern die Rolle des Familienernährers. Aber auch Eltern selbst artikulieren Vorstellungen, die deutlich machen, dass man beides möchte oder sollte: So stimmten etwa in einer Studie zu Familienleitbildern rund 78 % der Befragten der Vorstellung zu, dass auch Mütter einem Beruf nachgehen sollten, um unabhängig von ihrem Mann zu bleiben. Zugleich waren aber auch 76 % der Meinung, dass Mütter nachmittags Zeit haben sollen, um ihren Kindern beim Lernen zu helfen (Diabeté 2015, 212). Ähnlich stimmen etwa 75 % der Väter der Aussage zu, dass es gut ist, wenn nicht nur Mütter, sondern auch Väter in der Erziehung präsent sind. Zugleich gingen sie aber zu etwa 75 % davon aus, dass gesellschaftlich von ihnen erwartet werde, die Familien finanziell alleine versorgen zu können (Lück 2015, 233). Neue Erwartungen an Väter und Mütter entstehen also, ohne dass alte Erwartungen verschwinden. Beide Elternteile sehen sich oftmals unter Druck, beruflich Karriere zu machen *und* viel für ihre Kinder da zu sein. Hinzu kommt auch eine weit verbreitete und ggf. frustrierende Kluft zwischen Einstellungen und Alltagshandeln – trotz aller Wünsche nach Gleichberechtigung und Emanzipation zeigt der Familienalltag vieler Familien immer noch deutliche Spuren traditioneller Geschlechterrollen. So verweisen Studien zur Arbeitsteilung immer wieder auf bestehende und sich im Rahmen von Ehe und Familiengründung tendenziell verstärkende Ungleichheiten (Schulz/Blossfeld 2010; Grunow/Baur 2014).

Einen deutlichen Wandel in Richtung Aushandlungsprozesse auf Augenhöhe haben zudem die Umgangsformen zwischen Eltern und ihren Kindern erfahren (Peuckert 2019, 247 ff.). So ist das Verhältnis zwischen Kindern und Eltern klar partnerschaftlicher geworden und Kinder dürfen in den meisten Familien viel (mit)entscheiden. Besonders deutlich zeigt sich dies am Wandel der Erziehungsleitbilder: Seit den 1950er Jahren haben Erziehungsziele, die auf Selbstbestimmung setzen (Selbständigkeit, Interesse an Dingen wecken, Verantwortungsbewusstsein) solche Erziehungsziele abgelöst, die auf die Unterordnung des Kindes abzielten (Gehorsam, Sauberkeit, Ordnung, gute Umgangsformen). Familienforscher*innen nennen dies den Wandel vom Befehlshaushalt zum Verhandlungshaushalt (Ecarius 2002). Allerdings kann diese Entwicklung auch zu Verunsicherungen und Orientierungsproblemen von Eltern führen: Es ist schwieriger geworden, zu entscheiden, was Eltern wann von ihrem Kind einfordern können. In der Schwangerschaftsphase, im Rahmen der frühkindlichen Entwicklung und nicht zuletzt mit Blick auf den Schulerfolg des Kindes sehen sich vor allem Mütter mit immer mehr Wissen, aber auch mehr Forderungen konfrontiert, was Sie hinsichtlich einer guten Entwicklung des Kindes zu tun und zu unterlassen haben. Insgesamt sind die Anforderungen an die Ausgestaltung der Elternrolle also deutlich gestiegen und Eltern fühlen sich unter Druck (Merkle/Wippermann 2008). Der Bedarf an Beratung in Erziehungsfragen wird dementsprechend hoch eingeschätzt, obgleich Eltern vermutlich über mehr Wissen und Können verfügen und ihr Erziehungshandeln intensiver reflektieren denn je.

1.3 Familie im Wandel – Daten und Fakten

Pluralisierung der Familienformen – Instabilität von Ehe und Partnerschaft

Der dritte Wandlungsprozess betrifft schließlich die (leicht) steigende Vielfalt der Familienformen – und diese resultiert ganz wesentlich aus einer größeren Instabilität von Ehe und Partnerschaft.

Seit den 1980er Jahren ging die Zahl der Eheschließungen nach Angaben des Statistischen Bundesamtes (2022b) zunächst zurück – von etwa 450.000 Eheschließungen im Jahr 1991 bis auf 369.000 im Jahr 2007. Nach zwischenzeitlich leichter Zunahme (die auch auf die seit Oktober 2017 mögliche gleichgeschlechtliche Ehe zurückzuführen ist) lagen die Zahlen 2021 mit etwa 357.000 auf einem erneuten Tiefstand. Gemessen an der Gesamtbevölkerung gab es in den 1950er Jahren (im früheren Bundesgebiet) um die 10 Hochzeiten je 1000 Einwohner – 2021 sind es unter 5 gewesen. Paare, die heiraten, sind dabei auch älter als früher – im Schnitt Anfang bis Mitte 30. Interessanterweise ist es aktuell (2021) bei etwa 20 % der Hochzeiten für mindestens eine*n von beiden Partner*innen bereits die zweite (oder eine weitere) Ehe. Insgesamt ist Heiraten heutzutage also weniger eine gesellschaftliche Erwartung an die Einzelnen, aber dennoch für viele Menschen ein Ausdruck einer romantischen Liebe. Dass das Heiraten jedoch nicht nur eine romantische Angelegenheit, sondern ein staatlich gefördertes Vertragswerk ist, wird vielen Paaren erst im Prozess eines Scheidungsverfahrens offensichtlich.

Wie viele Ehen werden geschieden? Mit leicht sinkender Tendenz gibt die sogenannte Scheidungsziffer (wie viele von 1000 Ehen in ihrem Verlauf geschieden werden) Auskunft über die statistische Wahrscheinlichkeit einer Scheidung: Im Jahr 2021 betrug sie dem Statistischen Bundesamt (2022b) zufolge 309 Scheidungen von 1000 Ehen, das heißt, knapp jede dritte Ehe endet in einer Scheidung (Peuckert 2019, 261). Scheidung ist somit eine gesellschaftliche Normalität, auch wenn sie als Problem gesehen wird und für die Einzelnen auch krisenhaft und herausfordernd ist. Ehen, die 2021 geschieden wurden, dauerten Daten des Statistischen Bundesamtes (2022b) zufolge im Durchschnitt knapp 15 Jahre. Ungefähr die Hälfte der geschiedenen Paare waren Eltern von minderjährigen Kindern. In konkreten Zahlen bedeutet dies für 2021 z. B., dass 221.777 Kinder und Jugendliche (unter 18) von der Scheidung ihrer Eltern betroffen waren. Entsprechend ergab eine repräsentative Befragung 2019, dass 29 % der 15–17-jährigen Jugendlichen eine Trennung oder Scheidung ihrer Eltern erlebt haben (Walper et al. 2021, 32). Hinzu kommt, dass aktuell etwas mehr als ein Drittel der Kinder in Familien geboren werden, bei denen Eltern nicht verheiratet sind (Peuckert 2019, 39). Die Statistik kann nicht erfassen, ob und wie häufig sich diese trennen, oder ob sie im Verlauf des Familienlebens zu einem späteren Zeitpunkt noch heiraten. Paare mit eingetragenen Lebenspartnerschaften werden gesondert erfasst, da diese nicht geschieden, sondern mit einem anderen Verfahren beendet werden.

> §§ **Worin unterscheiden sich Trennung und Scheidung rechtlich?**
> Nach der Konzeption des Bürgerlichen Gesetzbuches (BGB) wird die Ehe auf Lebenszeit geschlossen (§ 1353 Abs. 1 BGB), was ersichtlich nicht der Lebenswirklichkeit entspricht. Rechtlich gesehen wird bei Eheleuten zwischen Trennung und Scheidung unterschieden, bei Nichtverheirateten ist die Trennung kaum geregelt.
> Die Trennung von Verheirateten ist rechtlich der notwendige Zwischenschritt auf dem Weg zur Scheidung, da die Trennung über einen längeren Zeitraum hinweg das Scheitern der Ehe belegt, welches wiederum Voraussetzung der Scheidung ist (§ 1566 BGB). Gemäß § 1567 BGB leben Ehegatten[1] getrennt, wenn keine häusliche Gemeinschaft im Sinne einer Lebensgemeinschaft mehr be-

---

1 Mit dem Rechtsbegriff Ehegatten bezeichnet das Gesetz zwei miteinander verheiratete Personen gleichen oder verschiedenen Geschlechts (§ 1353 BGB). Er ist daher hier und im Weiteren immer geschlechtsneutral zu verstehen.

1.3 Familie im Wandel – Daten und Fakten

steht und mindestens ein Ehegatte diese Gemeinschaft auch nicht wieder herstellen möchte. Getrenntleben ist nach dieser Vorschrift auch innerhalb ein und derselben Wohnung möglich. Praktisch ist dies etwa von Bedeutung, wenn Paare aus finanziellen Gründen keine zweite Wohnung unterhalten können (Schwab 2019, 168). Getrenntleben innerhalb ein und derselben Wohnung ist nach der Rechtsprechung des Bundesgerichtshofs dann anzunehmen, wenn kein gemeinsamer Haushalt geführt wird und keine wesentlichen persönlichen Bindungen bestehen, sondern lediglich ein räumliches Nebeneinander gegeben ist; so spricht die bloße funktionale Nutzung einzelner Räume (z. B. Küche, Bad) durch beide Ehepartner*innen nicht gegen eine Trennung in diesem Sinne (BGH 1978).

Diese formale Auflösung einer Ehe wird als Scheidung bezeichnet. Hierfür ist eine gerichtliche Entscheidung nötig (§ 1564 BGB). Voraussetzung für die Scheidung ist gemäß § 1565 BGB das Scheitern der Ehe. Scheitern der Ehe bedeutet nach dieser Vorschrift, dass keine Lebensgemeinschaft mehr besteht und auch nicht wieder hergestellt werden soll. Achtung: Es gibt hier kein Schuldprinzip (mehr) und es müssen auch keine bestimmten Gründe vorliegen (Trenczek et al. 2018, 313)! Ausschlaggebend für das Recht ist damit »nur«, ob die Ehe – egal aus welchem Grund – zerrüttet ist und dass diese Zerrüttung endgültig ist. Die Überprüfung dieser Zerrüttung obliegt dem Familiengericht im Rahmen des Scheidungsverfahrens (Schwab 2019, 160 f.). Die Ehe gilt außerdem gemäß § 1566 BGB als gescheitert, wenn die Ehegatten mindestens ein Jahr getrennt leben und beide Ehegatten die Scheidung beantragen oder der Antragsgegner der Scheidung zustimmt. Eine schnellere Scheidung ist nur möglich, wenn die Fortsetzung der Ehe eine unzumutbare Härte für einen der Ehegatten darstellt und die Gründe hierfür in der Person des anderen Ehegatten liegen (§ 1565 BGB). Dies kann etwa in Fällen häuslicher Gewalt oder Missbrauch zum Tragen kommen (Trenczek et al. 2018, 314). Auch wenn der*die Partner*in nicht zustimmt, wird

1 Familienleben heute – Trennungen im Kontext einer neuen Vielfalt

nach drei Jahren des Getrenntlebens vom Scheitern der Ehe ausgegangen. In beiden Fällen wird das Scheitern der Ehe also vermutet, ohne dass im Scheidungsverfahren ein allzu tiefer Blick in ihr Inneres geworfen werden muss (Schwab 2019, 161).

Eine eheähnliche Gemeinschaft »ohne Trauschein« kann jederzeit beendet werden. Das Eherecht ist hier weitestgehend nicht anwendbar (Schwab 2019, 253). Nach Ende der Gemeinschaft gelten die Vereinbarungen, die die Partner*innen getroffen haben; ohne Vereinbarung bestehen in der Regel keine wechselseitigen Ansprüche (Trenczek et al. 2018, 321). Unterhaltsansprüche von nicht miteinander verheirateten Eltern wegen Betreuung eines gemeinsamen Kindes sieht das Gesetz allerdings in § 1615 BGB vor. Regelungen für eingetragene Lebenspartnerschaften regelt das Lebenspartnerschaftsgesetz (LPartG). Das Gesetz verliert in der Praxis zunehmend an Bedeutung, da die Begründung von Lebenspartnerschaften seit dem 01.10.2017 nicht mehr möglich ist und durch die »Ehe für alle« abgelöst wurde.

Alle Gesetzestexte, die im Buch erwähnt werden, sind hier zu finden:

https://www.gesetze-im-internet.de/

Trennung und Scheidung tragen auch dazu bei, dass sich neue Lebensformen in der Statistik niederschlagen. Zwar stellen Ehepaare mit Kindern noch die häufigste Form familialen Zusammenlebens in einem Haushalt dar, ihr Anteil an allen Familien (Haushalte mit unverheirateten Kindern, egal welchen Alters) ist zwischen 1996 und 2020 jedoch von 78 % auf 69 % gesunken. Dies geht vor allem auf eine Zunahme an »Alleinerziehenden« (statistisch als Einelternhaushalte erfasst) zurück. Diese machten 1996 18 % und 2015 24 % aller Haushalte aus. Ihr Anteil sank zuletzt wieder auf 22 % in 2020.

Diese Erfassung von Zahlen zu einem bestimmten Zeitpunkt kann die Entwicklungsprozesse einzelner Familien nicht darstellen. Auch kann man nur in einem Rückblick (am Lebensende) erkennen, welche Paare sich tatsächlich haben scheiden lassen und welche nicht. Die

Werte sind also gewissermaßen »zu klein«, da einige der aktuell noch zusammenlebenden Ehepaare mit Kindern sich noch trennen werden. Andere Eltern haben sich bereits getrennt, leben aber wieder mit eine*r Partner*in im Haushalt – auch diese erfasst die Statistik dann nicht mehr als alleinerziehend – und eine Kategorie getrennt lebend, aber gemeinsam erziehend gibt es in der amtlichen Statistik nicht. Aus anderen Studien ist aber z.B. bekannt, dass etwa die Hälfte der alleinerziehenden Mütter fünf Jahre später wieder mit eine*r neuen Partner*in im Haushalt lebt (Peuckert 2019, 305). Solche Stief- oder Fortsetzungsfamilien werden in der haushaltsbezogenen Statistik entweder den Ehepaaren mit Kindern oder den unverheirateten Paaren mit Kindern zugeschlagen, und machen Studien zufolge etwa 10–14 % aller Familien aus (Peuckert 2019, 334f.).

1.4 Als Familie nach Trennungen gemeinsam leben – eine neue Herausforderung

Die gegenwärtig erkennbare Vielfalt der Familienformen ist historisch nicht neu. Auch zu früheren Zeiten gab es Alleinstehende mit Kindern sowie Wiederverheiratungen. Während damals jedoch der Tod eine*r Ehepartner*in die zentrale Ursache darstellte, waren 2017 54 % der Alleinerziehenden geschieden oder getrennt lebend, 41 % ledig (fast ausschließlich Mütter, die mit dem Vater der Kinder nicht verheiratet waren) und nur 5 % verwitwet (Peuckert 2019, 304). Dies hat potentiell positive, wie auch negative Konsequenzen: Der*Die verlorene Partner*in lebt und kann (sollte oder muss) zum Unterhalt der Familie und Fürsorge für die Kinder weiter beitragen. Andererseits entstehen neue Herausforderungen: Mit ihm oder ihr muss nun weiterhin kommuniziert und im Alltag kooperiert werden, was vielfältige Aushandlungsprozesse nötig macht und mitunter gewaltige

1 Familienleben heute – Trennungen im Kontext einer neuen Vielfalt

Konfliktpotentiale birgt. Dies gilt für geschiedene Eltern prinzipiell ebenso wie für Eltern, die nicht verheiratet waren.[2] Nimmt man noch hinzu, dass nach Trennungen auch neue Partner*innen in der Familie eine Rolle spielen können und für diese auch eine funktionierende Rolle und Position im Familienalltag gefunden werden muss, so wird das historisch Neue deutlich: Bedingt durch veränderte Vorstellungen von Elternschaft, die insbesondere die Rolle der Väter stärker betonen, bedingt dadurch, dass der Tod eine*r Ehepartner*in nur selten die Ursache der Beendigung einer Partnerschaft mit Kindern ist, und bedingt durch eine Normalität von neuen Partnerschaften sind Eltern nach Trennungen heutzutage Pionier*innen darin, Familienformen zu entwickeln, in denen beide Elternteile nach einer Trennung Verantwortung für Kinder übernehmen, ohne weiterhin ein Paar zu sein und meist auch ohne weiterhin in einem gemeinsamen Haushalt zu leben. Hinzu kommen in vielen Fällen längerfristig auch noch weitere potentielle Elternfiguren in Form neuer Partner*innen, deren Rolle in der Familie geklärt werden muss.

---

2 In diesem Buch möchten wir »Trennung« als allgemeinen Begriff verwenden, der auch Scheidungen umfasst. Trennungen sind das zentrale Moment von Familien mit getrennten Eltern, gleich ob sie miteinander eine Ehe eingegangen waren oder nicht. Damit soll nicht unterschlagen werden, dass die Scheidung einer Ehe als stärker »institutionalisierte« Beziehungen mit höheren ökonomischen Kosten und auch tendenziell höheren emotionalen Belastungen einhergeht (Peuckert 2019, 282). Nur kann dieser statistische Unterschied auf der Ebene des Einzelfalls gering bis gar nicht bedeutsam sein. Wir sprechen daher nur dann von Scheidung, wenn es tatsächlich um den rechtlichen Akt der Auflösung einer Ehe und den damit verbundenen formalen Prozess geht und ansonsten von einer Trennung, gleich ob eine Ehe bestand oder nicht.

1.4 Als Familie nach Trennungen gemeinsam leben – eine neue Herausforderung

Wichtige Punkte

1. Obwohl Trennungen eine häufige Normalität darstellen, werden die auf Trennungen folgenden Familienmodelle noch überwiegend als ungewöhnlich erlebt, so gut wie nie »freiwillig« als Lebensmodelle gewählt und hinsichtlich ihrer Qualität gesellschaftlich oft in Frage gestellt.
2. In Trennungen erfolgen intensive Auseinandersetzungen mit der Frage, wie man als Familie leben möchte und kann. Hierbei spielen gegenwärtige Wandlungsprozesse der Familie (veränderte Geschlechterrollen und Arbeitsteilungsmuster, aber auch Erziehungsvorstellungen und -erwartungen) eine große Rolle. Dabei ist die »Wahl« von Familienmodellen beschränkt durch die Vorstellungen anderer Familienmitglieder, emotionale Verstrickungen und Dynamiken aber auch Erwerbsbedingungen und ökonomische Möglichkeiten.
3. Im Kern geht es heutzutage nach Trennungen meist darum, ob und wie man gemeinsam Eltern bleiben kann, nachdem man sich als Liebespaar getrennt hat, welche Rolle neue Liebespartner*innen in der Familie spielen können und sollen und wie dies alles so gestaltet werden kann, dass man hohen Ansprüchen an die Qualität der Beziehungen zwischen Eltern und Paaren sowie zwischen Eltern und Kindern entspricht und deren hinreichend gutes Aufwachsen ermöglichen kann. In vielerlei Hinsicht sind Eltern dabei Pionier*innen im Erproben solcher familialen Lebensformen, zu denen es noch wenig Alltagswissen und sichtbare Vorbilder gibt.

2 Die Paarbeziehung als zerbrechlicher Kern von Familien

Das Liebespaar stellt in alltäglichen Vorstellungen von Familie immer noch die selbstverständliche Basis der Familie dar. Gleichzeitig sind vielen Analysen zufolge unsere Ansprüche an Paarbeziehungen gestiegen, was diese zerbrechlicher macht. Höhere Erwartungen mit Blick auf die Selbstverwirklichung in Partnerschaften, die emotionale und kommunikative Qualität der Beziehung sowie möglicherweise auch in Bezug auf das Sexualleben und die Erhaltung wechselseitigen Begehrens stellen Beziehungen auf eine Belastungsprobe (Lenz 2009a, 275 ff.; Burkart 2018, 190, 300 f.; Illouz 2018, 289). Und es gehört zum Alltagswissen, dass gerade die emotionale Qualität von Paarbeziehungen im Beziehungsverlauf zu schwinden droht – wenn man nicht stetig dagegen arbeitet. Die dem Ideal nach spontan, leichtfüßig ja manchmal sogar ungewollt entstehende Liebe zweier Menschen zueinander wird also offenbar zu etwas, dass aufwendig erhalten und stetig neu erarbeitet werden muss. Liebe ist vergänglich und wenn die Qualität einer Beziehung dauerhaft nicht mehr stimmt, ist eine Trennung heutzutage eine bedauerliche, aber legitime, nachvollziehbare und vielleicht sogar erwartete Lösung.

Die Paarbeziehung ist also ein recht unzuverlässiger Ausgangspunkt für die Familie, die eine langjährige stabile Basis für das Aufwachsen von Kindern bieten soll. Doch was macht das Ende von Paarbeziehungen eigentlich für Elternschaft so problematisch? Warum ist es für viele Eltern nicht einfach, Paarbeziehungen zu beenden und zugleich als genügend gute Eltern für die gemeinsamen Kinder da zu sein?

2.1 Die Bedeutung der Paarbeziehung für die Familie – Das Elternpaar als Liebespaar

Blickt man auf die Rolle und Position des Paares in einer Kleinfamilie, so werden relativ komplexe Erwartungen deutlich, die sich aus den vielfältigen Beziehungen in der Familie ergeben: Die Eltern haben eine Paarbeziehung, eine gemeinsame Elternbeziehung zu den Kindern und je individuelle Beziehungen zu den Kindern. Die Kinder wiederum haben Geschwisterbeziehungen zueinander und je eigene Beziehungen zu den Eltern. Eine funktionierende Beziehung als Liebespaar stellt eine wichtige Ausgangsbasis für ein gutes Agieren als Elternpaar dar und Konflikte zwischen den Eltern haben Auswirkungen auch auf alle anderen Beziehungen in der Familie. Der Paar- und Familientherapeut Jellouschek (2010) etwa argumentiert, dass drei auf partnerschaftlichem Handeln beruhende Aspekte das Verhältnis von Kindern und Eltern bestimmen sollten:

1. Ein *klar abgegrenztes Elternsystem*, in dem die Eltern sich ihrer gemeinsamen Position und Rolle als Eltern in der Familie sicher sind, ermöglicht beiden Elternteilen, als engagiertes Gegenüber im Kontakt mit den Kindern aufzutreten. Dabei können sich beide Elternteile gegenüber ihren Kindern durchaus unterschiedlich verhalten – sofern sie sich gegenseitig in ihrem unterschiedlichen (Eltern-)Sein schätzen und unterstützen. Problematisch wird es, wenn sich die Eltern gegenseitig in den Rücken fallen, da sie ihre Unterschiedlichkeit nicht akzeptieren und wertschätzen können oder sich nicht auf Kompromisse einigen können. Die Existenz eines klar abgegrenzten Elternsystems erleichtert es auch, die Balance zwischen elterlichen bzw. Erwachsenenbedürfnissen und kindlichen Bedürfnissen in der Familie zu halten. Wo die Bedürfnisse von Kindern berücksichtigt, aber auch nicht absolut gesetzt werden, lernen nicht nur Eltern, sondern auch Kinder, Kompro-

misse einzugehen, Frustrationen zu ertragen und auch mal zurückzustecken.
2. Kinder sollten nicht von den Eltern in *geheime Bündnisse* verstrickt werden. Solche Bündnisse verletzen die Generationengrenze dadurch, dass ein Kind in eine unangemessene und überfordernde Rolle gebracht wird, was seine Entwicklung und Ablösung ggf. erschwert. Dass sich in Familien auch besonders innige Verhältnisse oder Momente zwischen einem Elternteil und einem Kind ergeben, ist damit nicht gemeint, sondern es geht um Bündnisse, die gegen den*die andere*n Partner*in gerichtet sind, diese*n ausschließen sollen bzw. von diese*r oder den Kindern entsprechend erlebt werden. In einer funktionierenden Beziehung zwischen den Partner*innen sind solche Konstellationen eher selten, sie sind jedoch bei Familien mit Partnerschaftsproblemen naheliegender.
3. Schließlich gilt – von Ausnahmen abgesehen – der *Zugang zu beiden Elternteilen* als wichtig und entwicklungsfördernd für Kinder. Dies ist in Familien mit einer intakten Paarbeziehung häufig, aber auch nicht immer gegeben. Auch hier kann ein Elternteil (aufgrund von Stress und Belastungen und/oder von Rollenunsicherheiten als Vater oder Mutter) weitgehend »abwesend« mit Blick auf die Kinder sein. Im Kontext von Paarkonflikten und Trennungen ist dies aber besonders oft nicht gewährleistet: Aufgrund von Verletzungen auf der Paarebene zieht sich ein*e Partner*in zurück, schließt sich selbst aus bzw. wird in den Hintergrund gedrängt oder ausgeschlossen. Abgesehen von Ausnahmen (in denen aufgrund von Gewalttätigkeit, Missbrauch, schwerwiegenden psychischen Erkrankungen, Sucht, Kriminalität oder ähnlichem ein Kontakt zu einem Elternteil nicht oder zumindest nicht unbegleitet gewährt werden sollte) stellt eine starke Reduzierung des Kontaktes oder ein Kontaktabbruch fast immer ein unangemessenes Übergreifen von Verletzungen zwischen den Eltern auf die Eltern-Kind-Beziehungen dar. Umgekehrt setzt die Präsenz beider Elternteile nach einer Trennung deren Mitwirkung und Bereitschaft voraus. Sobald einer dies bewusst oder unbewusst blockiert,

2.1 Die Bedeutung der Paarbeziehung für die Familie

ist der andere Elternteil machtlos und kann alleine kaum dafür sorgen, dass Kinder weiterhin einen guten Kontakt zu beiden Elternteilen haben.

Oft werden die Möglichkeiten, sich mit den Eltern als Mann oder Frau zu identifizieren als ein Argument für die Wichtigkeit des Kontaktes zu beiden Elternteilen angeführt. Jedoch stellt die geschlechtliche Verschiedenheit des Elternpaars nicht den ausschlaggebenden Aspekt von Vielfalt dar, von dem Kinder beim Kontakt zu zwei Elternteilen profitieren. Studien zu Familien mit gleichgeschlechtlichen Elternpaaren zeigen, dass die hier aufwachsenden Kinder keine nachteiligen Entwicklungen aufweisen (Peuckert 2019, 517 f.). Vorstellungen, dass Söhne einen männlichen Vater und Töchter eine weibliche Mutter unabdinglich brauchen, sind zu einfach, auch weil Geschlechterrollen nicht eindeutig sein müssen, sich verändern und Vorbilder gerade von Jugendlichen nicht nur in der Familie gesucht und gefunden werden. Gleichwohl spricht vieles dafür, dass eine enge Beziehung zu einem zweiten Erwachsenen die Beziehungserfahrungen deutlich bereichert und dadurch Entwicklungs- und Ablösungsprozesse erleichtert (mehr dazu in ▶ Kap. 4).

Elternfunktionen basieren auf dem ersten Blick also auf einer funktionierenden (Liebes-)Paarbeziehung. Umgekehrt bringt Elternschaft allerdings eher Belastungen und Unzufriedenheit in der Partnerschaft mit sich, anstatt (wie meist erhofft) die Krönung partnerschaftlichen Glücks darzustellen (Fthenakis et al. 2002; Peuckert 2019, 197 ff.). Gemeinsame Kinder sind etwas Verbindendes, neben den alltäglichen Belastungen des Lebens mit Kindern erfordern sie zugleich jedoch den Entwicklungsschritt von den Eltern, die exklusive Zweierbeziehung für das Kind zu erweitern und zu verkraften, dass die Liebesbeziehung nicht mehr im alleinigen Mittelpunkt steht (Bürgin 1998). Zugleich verbleiben Eltern aufgrund der Kinder tendenziell länger in unbefriedigenden Paarbeziehungen (Peuckert 2019, 273).

All dies deutet darauf hin, dass sich in Partnerschaften mit Kindern häufiger Spannungen aufbauen und oft auch größere Spannungen ausgehalten werden, bevor man sich trennt. Mit Blick auf die bisherigen Ausführungen ist dies für die Qualität der Elternschaft riskant. Es ist unwahrscheinlich, dass das reine Aufschieben einer Trennung für Kinder förderlich oder hilfreich ist, ebenso wie auch bezogen auf die Kinder keine Altersphase geeigneter für die Trennung der Eltern wäre als eine andere. Entsprechend fragen sich Eltern oft, ob es nicht besser wäre, sich zu trennen und dann eine gute, durch Kooperation geprägte gemeinsame Elternschaft zu verantworten – ohne die Belastungen und Komplikationen des Liebespaar-Seins. Aber auch das ist nicht einfach, da Trennungen vielfältige Konfliktpotentiale in sich tragen. Um diese zu verstehen, macht es Sinn, sich der Frage zuzuwenden, was Prozesse der Paarbildung und der Auflösung von Paaren kennzeichnet.

2.2 Die Zerbrechlichkeit der Liebe – Übertragung, Projektion und Kollusion als Mechanismen

Die Frage der Liebe zwischen (zwei) Menschen hat Dichter*innen und Denker*innen schon immer fasziniert – ebenso wie ihr schmerzhaftes, manchmal tragisches Scheitern. Insofern ist es nicht verwunderlich, dass sich auch Wissenschaftler*innen diesen Fragen zugewandt haben. So haben *soziologische Studien* die »Partnerwahl« auf »Heiratsmärkten« in den Blick genommen und u.a. das bekannte Sprichwort »*gleich und gleich gesellt sich gerne*« bestätigt: Häufig zeigen Paare Ähnlichkeiten bezüglich des sozio-ökonomischen Status, der Bildungsabschlüsse sowie (milieubezogener) Werthaltungen und diese stabilisieren auch Ehen (Burkart 2018, 83; Lenz 2009a, 73 ff.). Interessanter für das Verständnis von Trennungen sind allerdings Modelle über *psychische Mechanismen von Verliebtheit,* die auf der Basis von therapeutischen Erfahrungen und Fallstudien entwickelt wur-

2.2 Die Zerbrechlichkeit der Liebe

den. Denn diese Versuche, zentrale Muster des Prozesses der Paarwerdung zu beschreiben, verweisen zugleich auf die Frage, was eigentlich bei einer Auflösung von Paarbeziehungen passiert (Hantel-Quitmann 2013, 27 ff.). Wenn Menschen sich verlieben, passiert aus Sicht der Psychoanalyse eine Kommunikation von Unbewusstem zu Unbewusstem – der*die Andere spricht etwas in meiner inneren Welt an. Weil dies eben der Bereich ist, über den wir selbst kein bewusstes Wissen haben, ist das Verlieben ein wundersamer und überraschender Prozess. Man kann Liebe so als eine *Übertragungsliebe* bezeichnen, denn biographisch entstandene innere Muster finden einen Anker im Wahrnehmen des*der Anderen. So berichten Verliebte oft von einer unglaublichen Vertrautheit mit der Person, obwohl sie diese noch nicht lange und gut kennen. Die psychoanalytische Erklärung dafür ist, dass die Beziehung Erinnerungen an eine vertraute Liebe wachruft, meist die frühen Erfahrungen in der Herkunftsfamilie, die auf den*die neue*n Liebespartner*in übertragen werden. Diese Übertragung lindert Ängste vor den möglichen Verletzungen, wenn wir uns einander öffnen und unsere Gedanken, Wünsche und Nöte preisgeben, wenn wir also Intimität in einem psychologischen Sinne zulassen. Aufgrund der Übertragung fühlt man sich zunächst grundsätzlich angenommen, als ganze Person geschätzt und bedingungslos geliebt (Hantel-Quitmann 2013, 27 ff.).

Dabei finden auch sogenannte *Projektionen* statt. Verliebte neigen dazu, die Erfüllung ihrer (bislang) unerfüllten Sehnsüchte durch den*die Andere*n zu erhoffen. Wird diese Hoffnung durch das Verhalten des*der Anderen verstärkt oder zumindest nicht irritiert, festigt das die Vorstellung, eine*n ideale*n Partner*in gefunden zu haben, der*die unsere tiefsten Wünsche erfüllen wird (Hantel-Quitmann 2013, 27 ff.). Oftmals werden dabei zentrale menschliche Themen mit geteilten Rollen gelebt: Autonomie und Abhängigkeit, versorgen und gehalten werden, begehren und anerkennen sowie begehrt und anerkannt werden. Eine lebendige Partnerschaft kann sich dann entwickeln, wenn die unbewusst von beiden Partner*innen einander zugeschriebenen und in der Beziehung gelebten Muster und

2 Die Paarbeziehung als zerbrechlicher Kern von Familien

Rollen flexibel bleiben, Widersprüche zulassen und eine Entwicklung im Laufe der Zeit ermöglichen. Wenn dies nicht der Fall ist, kommt es zu sogenannten Kollusionen (Willi 1975), sich destruktiv entwickelnden, starren und polarisierten Zuschreibungen und Erwartungen. Je mehr Nähe der*die eine z. B. sucht, desto mehr Distanz stellt der*die Andere her. Beide erleben das zuerst Geliebte an ihre*r Partner*in dann immer extremer und damit meist zusehends negativ. Eine bewegliche und nicht erstarrte Partnerschaft würde beiden Partner*innen Entwicklung dahingehend ermöglichen, dass sie die Wünsche z. B. nach Autonomie und Bindung in sich besser balancieren können und beide Anteile in der eigenen Persönlichkeit weiter entwickeln und auch Entwicklungen des*der Anderen annehmen können. Die Positionen beider Partner*innen wären dabei nicht starr, sondern Aspekte von Nähe und Autonomie können verhandelt und beiderseitig (auch unterschiedlich) verkörpert werden. Kollusionen verhindern jedoch diese Entwicklung beider Partner*innen. Sie führen entweder zum Ende der Partnerschaft, oder können eine*n oder beide Partner*innen unglücklich und krank werden lassen (anschauliche Beispiele dazu in Folge 62 in einem Podcast [https://psycast.org/de/folge-62-wohin-die-liebe-fallt-psychoanalyse-der-paarbeziehung/]: Loetz/Müller, o. J.).

Speist sich das positive Gefühl der Liebe als Übertragungsphänomen aus frühen Erfahrungen, dann ist zugleich klar, dass auch negative Gefühle, ungelöste Konflikte und emotionale Wunden in die Partnerschaft mittransportiert werden. Mentzos (1982) spricht von interpersoneller Abwehr und von psychosozialen Arrangements, wenn der*die Andere in die Bewältigungsversuche der inneren Konfliktlagen eingebaut wird. Eigentlich in der Psyche des*der einen Partner*in liegende Konflikte, werden als Szenen mit verteilten Rollen mit dem*der anderen Partner*in ins Alltagsleben gerufen. Dem*Der Beziehungspartner*in wird dann unbewusst eine bestimmte Funktion starr zugewiesen und dieser unbewusst verpflichtet, sie auch zu erfüllen. Dass es eigentlich um innerpsychische Konflikte geht, bleibt den Beteiligten verborgen.

2.2 Die Zerbrechlichkeit der Liebe

Liebesbeziehungen können jedoch auch Anlass der Weiterentwicklung werden: So kann die Aufarbeitung der Übertragungskonflikte zur »Heilung alter Wunden« (Hantel-Quitmann 2013, 30) beitragen. Es besteht die Möglichkeit, dass man sein eigenes Gewordensein besser versteht und mit alten Verletzungen abschließen kann. Auch eine Auseinandersetzung mit den Enttäuschungen bezüglich der projizierten Liebessehnsüchte kann zu reiferen Vorstellungen führen, in denen die eigene Verantwortung für die Realisierung von Wünschen und Bedürfnissen klarer wird. Denn bei Lichte besehen, ist es besser, selbst für die Erfüllung seiner Bedürfnisse sorgen zu können oder diese zumindest klar als Wunsch äußern zu können, als auf jemanden zu warten, der*die die geheimen Wünsche märchenhaft erahnt und erfüllt. Auch aus Kollusionen können sich noch innere Entwicklungsmöglichkeiten ergeben, bei denen es darum geht, den zugleich geliebten und abgelehnten Seiten des*der Partner*in in sich selbst Raum zu verschaffen und so seine eigene Verhaltensspielräume zu erweitern. Dies bedarf jedoch einer Unterstützung von außen, durch Beratung und gemeinsame oder einzeln wahrgenommene Psychotherapie.

Trotzdem gelingt es Paaren nicht immer, Konflikte zu lösen. Manchmal sind die Verletzungen so vielfältig und tiefsitzend, dass sie auf Dauer zu einer Trennung führen. Manchmal entwickeln sich beide Partner*innen zwar weiter, erkennen dabei aber, dass ihre bisherige Beziehung nicht mehr ihren Bedürfnissen entspricht. Manchmal verändert sich auch nur ein*e Partner*in und erkennt, dass der*die Andere nicht mehr den veränderten Bedürfnissen entspricht, aus seiner*ihrer Sicht »stehen geblieben« ist.

Hiervon ausgehend lässt sich das Scheitern einer Beziehung als Ausdruck einer Dynamik zwischen zwei Menschen verstehen und nicht einseitig dem*der »falschen Partner*in« zuordnen. Es fordert dazu auf, den eigenen Anteil zu bearbeiten und sich auch im Kontext gescheiterter Beziehungen selbst weiterzuentwickeln, anstatt in

Schuldzuweisungen oder Depressionen zu verfallen.[3] Die kritische Selbstauseinandersetzung fällt bei Trennungen allerdings nicht immer leicht, und eine gewisse Nachsicht mit sich selbst und seinen Fehlern ist hilfreich für die Trennungsbewältigung. Vermutlich gilt es, beides in einer Balance zu halten (Hantel-Quitmann 2013, 193). Ähnliches gilt für die Warnung davor, zu schnell eine nächste Beziehung einzugehen und in dieser gleiche Muster zu wiederholen (Stiemerling 2006, 148; Hantel-Quitmann 2013, 190). Dies kann zutreffen, genauso kann aber der Aufbau einer neuen Zweierbeziehung hilfreich für die Lösung bestehender Bindungen und die Verarbeitung einer Trennung sein. Eine neue Partnerschaft kann die durch eine Trennung beschädigte Identität und das Selbstbewusstsein nachhaltig verbessern. Selbst die neue feste Beziehung des*der anderen Partner*in kann langfristig gut tun, wenn man sie als Anlass erfahren kann, loszulassen und sich ein eigenes Leben aufzubauen (Lenz 2009b, 184; Hantel-Quitmann 2013, 192).

Fallbeispiel Frau Gother – Auf ganz anderen Füßen stehen: Trennungen als Entwicklungsimpuls
Ein gutes Beispiel dafür, dass Trennungen auch Entwicklungsimpulse darstellen können ist Frau Gother, die in einem Forschungsprojekt zweimal im Abstand von 1,5 Jahren zu ihrem Familienleben interviewt wurde (Euteneuer/Uhlendorff 2020, 283). Zum Zeitpunkt des ersten Interviews lebt sie mit ihrer vierjährigen Tochter zusammen in einem Haushalt. Ihr Mann hat sich vor einem Jahr von ihr getrennt – aus Sicht von Frau Gother, weil er nicht recht in das gemeinsame Leben als Familie hineingefunden hat, sich mehr Freiheiten wünschte und schlussendlich eine Be-

---

3 In Fällen, in den ein*e Partner*in real schuldig wird, etwa in Fällen von Gewalt gegenüber dem*der anderen Partner*in gibt es gleichfalls eine gemeinsame Dynamik, hier jedoch mit oft manipulativen, unterdrückenden und in ein Gewalthandeln umgesetzten einseitigen Machtdynamiken. Opfer von Gewalt können familiale Dynamiken zu verstehen versuchen – sollten jedoch keinesfalls die Verantwortung bei sich selbst suchen.

2.2 Die Zerbrechlichkeit der Liebe

ziehung mit einer kinderlosen Frau begann. Ihren Alltag erlebt Frau Gother im ersten Interview als belastend. Sie ist seit der Trennung vollzeiterwerbstätig, um die vorher mit ihrem Mann gemeinsam bewohnte Wohnung alleine finanzieren zu können. Sie leidet darunter, wenig Zeit für ihre Tochter zu haben und bewältigt ihren Alltag vor allem mit der Unterstützung ihrer Mutter, die zwar gerne unterstützt, das Lebensmodell ihrer Tochter aber auch kritisiert. Im ersten Interview ist Frau Gothers familiale Zukunftsvorstellung davon geprägt, dass Sie sich wünscht, einen freundschaftlichen Kontakt zu ihrem Mann aufrecht zu erhalten, der die Tochter regelmäßig ein oder zwei Tage zu sich nimmt. Gleichzeitig soll nicht nur die neue Partnerin des Mannes auf lange Sicht eine Rolle in der Familie spielen, sondern auch Frau Gother wünscht sich wieder »einen Mann an ihrer Seite«, mit dem sie auch weitere Kinder bekommen möchte. Sie hofft, dass sie dann auch wieder weniger erwerbstätig seien kann.

Als wir Frau Gother das zweite Mal interviewen, hat sich überraschendes getan. Ihr Mann hat sich von seiner Partnerin getrennt und er und Frau Gother sind wieder ein Paar – wobei sie noch bewusst in getrennten Haushalten lebten. Während ihr Mann nun von einem weiteren gemeinsamen Kind und einem Hauskauf träumt und Frau Gother nahelegt, weniger zu arbeiten, hat sie ihre Sicht verändert: »Ich hab mich sehr verändert, kann ich sagen, ich bin viel selbstbewusster. Ich finde, ich kann Sachen einfach besser anpacken jetzt. Weil es macht ja sonst keiner jetzt außer mir. Und da kann man einfach ganz viel raus ziehen. Ja, da kann man sich einfach ein ganz neues Leben aufbauen, auf ganz anderen Füßen stehen, wo man vorher dachte, ohh, ich schaff das vielleicht nicht. Dass man jetzt weiß, klar schaff ich das, natürlich. Ich bin da gewachsen. Ich bin an mir gewachsen.« Sie möchte ihre Vollzeiterwerbsarbeit nicht mehr aufgeben und auch kein zweites Kind. Sie hat sich von den Vorstellungen ihrer Mutter emanzipiert und vertritt ihr Lebensmodell sehr selbstbewusst: »Meine Mutter sagt jetzt selber, na ja gut, das ist halt die heutige Zeit. So ist das und dann muss ich das akzeptieren. [...] Ich hab jetzt 'n etwas anderes

Verhältnis so zu meiner Familie. Da hab ich mich so ein bisschen gelöst. Also, so dieses Tochter-Eltern-Verhältnis, das hat sich ein bisschen gewandelt, dadurch dass ich einfach auch 'n Stück weit erwachsen und selbständig geworden bin.«

In Bezug auf die Reflexion ihres Familienmodells führt dies alles zu einer Abwendung von konventionellen Strukturen: Im Zentrum ihrer Familie stehen für Frau Gother nun sie und ihre Tochter, während ihr Mann wie ihre Mutter – ergänzend und wie es passt und sich ergibt – in ihre Familie integriert werden. Die Erfahrung, sowohl das Haushaltseinkommen als auch den überwiegenden Teil der Familienarbeit alleine bestreiten zu können, ermöglicht ein Offenhalten ihrer Situation und eine Wahrung ihrer Autonomie: »Für mich ist es jetzt so, wir gucken mal, wo der Weg hingeht. Aber dieses System Ehe hat sich für uns, glaub ich, schon aufgelöst. Und wir starten jetzt einfach nochmal neu. Und gucken einfach, was passiert, wo wir dann landen.«

2.3 Die »kollektive Schuld« – Gesellschaftliche Ursachen für Trennungen

Rund ein Drittel aller Ehen (und noch mehr nicht-eheliche Beziehungen) enden in einer Trennung. Eine Ehe oder feste Beziehung gilt gesellschaftlich aber trotzdem noch als erstrebenswert. Eine Auflösung der Beziehung geht daher mit einem Statusverlust einher und wird oft als persönliches Scheitern begriffen. Dies gilt besonders für Eltern, da die intakte Kleinfamilie im Alltagsdenken nach wie vor als bevorzugter Ort für das Aufwachsen von Kindern gilt, obwohl aus Forschungssicht die Qualität der Beziehungen in der Familie sowie die verfügbaren Ressourcen der Familie wichtiger sind als die Familienform an sich (Walper et al. 2020, 6). Hinzu kommt, dass es an

2.3 Die »kollektive Schuld« – Gesellschaftliche Ursachen für Trennungen

gesellschaftlichen Ritualen fehlt, mit denen die Auflösung einer Beziehung oder Ehe gerahmt, begleitet und aufgefangen werden könnte und mit denen der Trennung ein sozialer Sinn für alle Familienmitglieder gegeben werden könnte (Eckert 2021, 393). Rund um die Besiegelung von Partnerschaften gibt es viele Rituale und soziale Formen – rund um die Trennung keine.

Allein das massenhafte Auftreten von Scheidungen zeigt aber, dass nicht nur individuelle Ursachen Beziehungen zum Scheitern bringen. Vielmehr lassen sich auch demographische und strukturelle Faktoren (Bevölkerungsentwicklung und Struktur) sowie kulturelle Entwicklungen (veränderte Vorstellungen und Erwartungen) finden, die bedeutsam für Trennungen sind und diese gesellschaftlich und nicht nur individuell erklären (Burkart 2018, 184 ff.).

Ein wichtiger *demographischer* Faktor ist, dass aufgrund einer massiv gestiegenen Lebenserwartung Partnerschaften heutzutage viel länger halten müssen als früher, »bis dass der Tod sie scheidet«. Wir bedenken meist nicht, dass Menschen heutzutage im Schnitt deutlich länger als z.B. im 19 Jahrhundert in Ehen zusammen leben, denn damals war die Verwitwung aufgrund einer hohen allgemeinen und Kindsbettsterblichkeit oftmals ein frühes Ende einer Ehe. Dass Paare heute durchschnittlich so lange zusammen leben können, ist natürlich eine Chance – dabei glücklich zu bleiben, ist jedoch eine enorme Herausforderung.

Ein Beispiel für einen *strukturellen* Faktor ist, dass das Scheidungsrisiko in niedrigen Einkommensschichten höher ist als in der Mittelschicht. Wirtschaftlich schwierige Verhältnisse und beengte Wohnsituationen erzeugen Stress in Beziehungen. Armut belastet Beziehungen. Dass Paare scheidungsbedrohter sind, in denen beide erwerbstätig sind, aber die Aufteilung der Hausarbeit und Kinderbetreuung nicht zufriedenstellend gelingt, macht wiederum deutlich, dass gesellschaftlich verursachte Vereinbarkeitsprobleme Beziehungen belasten können. Wo beide Partner*innen arbeiten wollen oder müssen, aber nicht genug Unterstützungsangebote da sind, leiden auch Partnerschaften.

Kulturelle Faktoren wiederum werden z.B. daran deutlich, dass sich auch hochgebildete Paare häufiger trennen als Paare aus der Mittelschicht. Dies liegt an besonders hohen Individualitäts- und Selbstverwirklichungsansprüchen, einer größeren ökonomischen Unabhängigkeit der Partner*innen voneinander und geringer ausgeprägten Bindungen an traditionelle (z.B. religiös-konservative) Werte. Damit wird deutlich, dass Trennungen auch ein Ergebnis von Selbstverwirklichungswünschen, von größeren Freiheiten zu einer eigensinnigen Lebensführung sind und umgekehrt von einem Abbau von ökonomischen, kulturellen und rechtlichen Barrieren.

Wir können uns viele Situationen vorstellen, in denen es ein Glück ist, dass Menschen sich heutzutage leichter trennen können als früher. Allerdings ist Freiheit auch immer ambivalent. Einige Soziolog*innen vermuten z.B., dass wir uns bei allen gewonnenen Freiheiten auch in neue, weniger offensichtliche Zwänge begeben haben, die weniger vom direkten sozialen Nahraum ausgehen, sondern von abstrakten, gesamtgesellschaftlichen und globalen Entwicklungen. So geht die Soziologin Eva Illouz (2018, 2011, 2007) etwa davon aus, dass Partnerwahl, Liebe und Sexualität immer enger in eine Konsum-Industrie eingebunden wurden (z.B. Freizeitbetriebe und Partnervermittlungsbörsen, Dienstleistungen wie Wellnessangebote, aber auch Anbieter von Konsum- und Luxuswaren). Und darüber hinaus folgt ihres Erachtens die Liebe selbst zunehmend einem Markt- und Konsumprinzip: So gelte es, die eigene Wahl eine*r Partner*in hinsichtlich seines*ihres »Nutzens« für die eigene Selbstverwirklichung und Weiterentwicklung zu hinterfragen und gegebenenfalls durch eine andere Wahl korrigierend zu optimieren. Damit möchte Illouz nicht in Abrede stellen, dass viele Entwicklungen im Bereich von Partnerschaft und Ehe eine Befreiung aus Zwängen bedeuten – besonders für Frauen. Eine Kehrseite der Entwicklung könnte jedoch sein, dass Menschen ohne stützende Rituale und stabile Institutionen in neue Zwänge eines »permanenten Partnermarkts« geraten. Sie wären dann immer mehr von der Angst vor der »Abwahl« durch den*die Partner*in geprägt – und sehen sich in Beziehungen und nach dem

2.3 Die »kollektive Schuld« – Gesellschaftliche Ursachen für Trennungen

Ende von Beziehungen intensiv aufgefordert (ggf. mit der Hilfe von Therapeut*innen) ihre Beziehungsfähigkeit zu optimieren.

Wichtige Punkte

1. Gute Elternschaft beruht auf einem *klar abgegrenzten Elternsystem, das geheime Bündnisse zwischen einem Elternteil und Kindern vermeidet.* Der Kontakt zu beiden Eltern ist auf dieser Basis für die Kinder möglich und auch bereichernd. Abgesehen von Ausnahmen (Gewalttätigkeit, Missbrauch, Vernachlässigung) stellt eine plötzliche Reduzierung des Kontaktes oder ein Kontaktabbruch nach Trennungen fast immer ein unangemessenes Überschlagen von Verletzungen, die auf der Paar-Ebene erfolgt sind, auf die Elternebene und die Eltern-Kind-Ebene dar.
2. Die Partner*innen, die wir uns gesucht haben, ähneln uns oft im Hinblick auf Einkommen, Bildung und ihre Einstellungen. Psychologisch haben wir aber auch nicht selten auch Ergänzungen gesucht, die unsere eigenen Defizite ausgleichen sollen.
3. Dass Liebe herausfordernd ist und scheitern kann, ist psychologisch bereits in den Mechanismen des Verliebens angelegt. Hinzu kommen viele gesellschaftliche und kulturelle Faktoren, die Beziehungen unter Druck setzen können und Trennungen erleichtern oder nahelegen. Trennungen sind also nicht einfach nur eine Folge individuellen »Versagens«. Schwierigkeiten in Beziehungen können trotzdem ebenso wie Trennungen ein Entwicklungsanlass für beide Partner*innen sein.

3 Das Ende von Paarbeziehungen – Wenn die Liebe endet …

Das vorangehende Kapitel hat verdeutlicht, dass die Paar- und die Elternebene zwar getrennt sind aber auch in Beziehung zueinander stehen. Wenn nun im Rahmen eines Prozesses des »Entliebens« die Bindung des Paares aufgelöst wird, bleibt dies nicht ohne Folgen für die Elternschaft. Aus unserer Sicht liegen zentrale Herausforderungen des Familienlebens nach Trennung und Scheidung in der Frage begründet, wie ein komplexes Geflecht von Beziehungen innerhalb der Familie so verändert werden kann, dass die Paarbeziehung aufgelöst werden kann, ohne dass die übrigen Familienbeziehungen Schaden nehmen. Sich zu »entlieben« ist ein mit schwierigen Emotionen verbundener Prozess, in dem die Partner oft um den Erhalt ihres Selbstbewusstseins ringen und nach neuen Identitäten suchen. Versteht man, was die Trennung für beide Partner*innen emotional und sozial bedeutet, kann dies dazu beitragen, vulnerable Punkte wahrzunehmen und negative Folgen für Familienbeziehungen (und besonders Kinder) zu verhindern oder zumindest abzumildern.

3.1 Eine eigene Welt und ihre Auflösung – Soziologische Aspekte des Paar-Seins und Trennens

Dass Trennungen Identitäten irritieren oder sogar beschädigen, dass insbesondere Menschen, von denen sich der*die Partner*in trennt,

3.1 Eine eigene Welt und ihre Auflösung

Trennungen als etwas erleben können, dass ihnen »den Boden unter den Füßen« wegzieht, lässt sich anhand soziologischer Überlegungen zu Partnerschaften erklären. Paarwerden lässt sich nämlich auch als Prozess betrachten, in dem ein Paar eine eigene kleine Welt, mit einem nur für das Paar verstehbaren Sinngehalt erschafft. In einem bekannten Aufsatz zur Paarsoziologie haben die Soziologen Berger und Kellner von einem »nomischen Bruch« gesprochen, der mit der Paarbildung einhergeht (Berger/Kellner 1965). Damit meinen sie, dass es einen Bruch mit alten, *individuellen* Regeln und Sinnhorizonten braucht, um sich *gemeinsame* Regeln und Sinnhorizonte als Paar zu schaffen. Ein Paar zu werden heißt immer auch individuelle Lebensvorstellungen durch gemeinsame zu ersetzen. Paare schaffen sich eine eigene Kultur, zu der Rituale, eine gemeinsame Geschichte und Ursprungsmythen gehören, die das Zusammenkommen als Paar erklären. Dabei kommen jede*r Partner*in mit seinen Eigenarten bestimmte Rollen in dieser gemeinsam konstruierten Welt zu. Die Identitäten beider Partner*innen werden mit dem Paar-Sein verbunden und die Partnerschaft damit hochgradig identitätsstabilisierend. Ein Paar zu sein oder zu werden, ist damit etwas anderes als einfach als Summe zweier individueller Perspektiven. Ein Paar zu sein, stellt eine eigensinnige Realität für sich dar (Burkart 2018, 117), auf die sich beide Partner*innen einlassen und einstellen und in der sie in Teilen ihres Seins »aufgehen«.

Gemeinsame Paarkonstruktionen weisen immer auch Unterschiede oder Unklarheiten auf. Zum Teil helfen »Konsensfiktionen«, solche Brüche zu überdecken: Man tut so, als sei man sich mit Blick auf das Wichtigste weitgehend einig, und prüft das nicht in jedem Fall detailliert nach. Gleichzeitig kann man aber auch die von der Psychologie betonte Wichtigkeit der offenen und intimen Kommunikation für den Zusammenhalt eines Paares so verstehen, dass es an bestimmten Punkten auch sinnvoll oder nötig ist, Unterschiede zu thematisieren, damit sich nicht unter dem Deckmantel von Konsensfiktionen allzu große Brüche auftun. Auch die konflikthafte Bearbeitung von solchen Unterschieden ist nicht per se schädlich, sondern kann stabilisierend wirken, wenn sie durch »gute Kommunikation« aufgefangen wird (Burkart 2018, 120). Was passiert nun aber im Rahmen von Trennungen? Die gemeinsam konstruierte Welt wird aus Sicht eine*r oder beider Partner*innen (manchmal langsam, manchmal plötzlich) brüchig. Zentrale, zuvor unhinterfragte Grundpfeiler der Beziehung stehen in Frage. Offenkundige Wiedersprüche tun sich an Stellen auf, an denen man glaubte, sich einig zu sein – Konsensfiktionen fallen in sich zusammen. Durch die zunehmende Infragestellung aller Gemeinsamkeiten gerät eine Dynamik in Gang, die sich nicht mehr stoppen lässt. Am Ende stellen eine*r oder beide Partner*innen die Auflösung der gemeinsamen Welt fest. Das stellt nicht nur die Paarbeziehung infrage, sondern auch die Identität und die Lebensentwürfe der Beteiligten, die ja durch die gemeinsame Paarkonstruktion stabilisiert und bestätigt wurden. Es kann zu Verlorenheitsgefühlen kommen, zu dem Gefühl, nicht mehr zu wissen, wer man ist (Hantel-Quitmann 2013, 19). Trennungen stellen also einen erneuten »nomischen Bruch« dar, an dem gemeinsame Identitäten, Lebensziele und Lebensweisen in Frage gestellt werden, zurückgelassen werden müssen und wieder neue, getrennte Perspektiven entwickelt werden müssen (Eckert 2021, 392).

3.2 Sinnfindung in Trennungen – Gesichtswahrung und Identitätsfindung

Studien zur Verarbeitung von Trennungen berichten, dass oft zwischen zwei Rollen unterschieden werden kann: ein*e Partner*in, der*die die Trennung hauptsächlich oder entschiedener initiiert (statistisch häufiger Frauen), und ein*e Partner*in, dem*der sie eher widerfährt (statistisch häufiger Männer). Während Erstere eine längere Überlegungsphase und vielfältige Problemlösungsversuche se-

3.2 Sinnfindung in Trennungen – Gesichtswahrung und Identitätsfindung

hen, sind Letztere häufiger von der Trennungsinitiative überrascht und unternehmen manchmal noch Rettungsversuche, die für den oder die Partner*in oft zu spät kommen (Eckert 2021, 292 ff.). Im Hinblick auf viele Punkte haben beide Partner*innen ähnliche Aufgaben zu bearbeiten. Allerdings hat der*die Trennungsinitiator*in einen Zeitvorsprung in der Verarbeitung der Ereignisse und neigt auch zu anderen Emotionen (Lenz 2009b, 169; Hantel-Quitmann 2013, 190).

Sowohl als verlassene wie auch als verlassende Person gilt es – für sich selbst, aber auch Anderen gegenüber –, eine klare Deutung zu finden, warum die Beziehung gescheitert ist. Diese Verarbeitung der Geschehnisse und das Finden einer Geschichte sind wichtig, um abschließen zu können und die Kontrolle über das Geschehene (wieder) zu erlangen. Um Trennungen zu verstehen und einzuordnen, greifen Betroffene vor allem auf gesellschaftlich als legitim angesehene Erwartungen an Beziehungen, auf sogenannte Partnerschaftsleitbilder, zurück. Mit ihrer Hilfe lässt sich das eigene Handeln legitimieren, aber auch das Handeln des*der Partner*in kritisieren.

Dabei sind zwei Emotionen besonders wichtig für die Deutungen durch die Betroffenen: Scham und Schuld. Für den oder die Trennungsinitiator*in steht meist die Bearbeitung von Schuld im Vordergrund. Es geht darum, die Entscheidung zur Trennung zu legitimieren. Warum war sie notwendig, obgleich damit dem*der Partner*in und den Kindern offensichtlich Leid zugefügt wurde und wird? Eher selten empfindet der*die verlassene Partner*in Schuld (Warum habe ich das nicht verhindert?). Trennungserzählungen liefern im Hinblick auf Schuld Begründungen, warum die Trennung unvermeidbar, nicht zu verhindern war. Bei der verlassenen Person überwiegen meist Schamgefühle angesichts der erfahrenen Abwertung, »abgewählt« geworden zu sein. Manchmal empfinden aber auch Partner*innen, welche die Initiative ergriffen haben, Scham, da sie einen Prestigeverlust als »gescheiterte*r Partner*in« oder »gescheitertes Elternteil« im sozialen Umfeld befürchten (Was denken meine Eltern, Freunde und Kolleg*innen von mir?). Es ist naheliegend, den Scham verursachenden Gesichtsverlust dadurch zu lindern, dass in der Deutung der Trennungsereignisse der*die andere Partner*in mehr oder weniger subtil abgewertet wird. Gegenseitige Schuldzuweisungen und eine offene oder unterschwellige Abwertung des*der Ex-Partner*in sind also ein häufig auftretendes Moment in Trennungssituationen, das ebenso der Gesichtswahrung dient, wie die Herausstellung der eigenen Qualitäten. Oft haben Betroffene auch das Bedürfnis, sozialen Beistand durch Freund*innen oder Verwandte zu organisieren und diese hinter sich zu versammeln. Schließlich kann man auch versuchen, durch das schnelle Eingehen einer neuen und besseren Beziehung, als vermeintliche*r Sieger*in aus dem Trennungsprozess hervorzugehen, was den eignen Wert bestärkt, dem Anderen aber die Gesichtswahrung erschweren kann (Eckert 2021, 398). Solchen Prozessen der Bearbeitung beschädigter Identität und erfahrenen Statusverlustes wohnt ein großes Potential zu Eskalationen und weiteren Verletzungen inne, das dauerhaft schädigend für beide Partner*innen ist. Demgegenüber sind Eingeständnisse von Teilschuld am Scheitern der Beziehung, Versuche, eine gemeinsame, für beide gesichtswahrende Deutung der Ereignisse zu finden, oder Angebote, befreundet bleiben zu wollen, Versuche, zu einer Deeskalation beizutragen.

Empirische Studien zu Trennungsgeschichten machen deutlich, dass Negativdeutungen des*der Partner*in jedoch bedeutsam in der Verarbeitung von Trennungen sind. Den Ergebnissen von Eckert u. a. (2019) folgend zeigen sich dabei milieubezogene Unterschiede in den Legitimationen von Trennungen sowie in Bezug auf Identitäten, die in den Trennungserzählungen entwickelt wurden. Zugespitzt stellen die Forscherinnen dabei zwei Milieus gegenüber: einerseits ein *individualisiertes Milieu*, mit in der Regel akademisch gebildeten, beruflich sowie außerberuflich stark nach Selbstverwirklichung suchenden Partner*innen, die sich an Vorstellungen der Geschlechtergleichheit in ihrer Beziehung orientieren. Andererseits ein *traditionelles Milieu*, in denen die Partner*innen eher Ausbildungs- und Arbeiter*innenberufe ausüben oder soziale Aufstiege über Fachschulen und Fachhochschulen erreicht haben. Kennzeichnend ist hier, dass der Beruf stärker als Mittel zum Einkommens- und Statuserwerb gesehen

3.2 Sinnfindung in Trennungen – Gesichtswahrung und Identitätsfindung

wird und von klareren Unterschieden zwischen den Eigenschaften und Fähigkeiten von Männern und Frauen ausgegangen wird. Bevor typische Merkmale herausgearbeitet werden, sollen hier zwei Trennungsgeschichten aus dieser Forschung in angepasster Form dargestellt werden (Eckert 2021, 401 ff.).

Fallbeispiel Helen & Chris – Echte Gefühle, Erkunden des Innersten und Selbstreflexion

Helen und Chris haben sich mit 20 kennengelernt, recht bald verlobt und ein gemeinsames Kind bekommen. Im dritten Jahr ihrer Beziehung haben sie geheiratet, auch damit Chris ein bereits vorhandenes Kind aus einer vorherigen Beziehung von Helen adoptieren kann. Einige Zeit nach der Hochzeit beginnen die beiden auf Helens Wunsch eine offene Beziehung zu führen. Dies kränkt Chris, er nutzt dies aber trotzdem für Seitenbeziehungen. Trennungsgrund ist, dass sich Helen in einen anderen Mann verliebt.

Im Interview betont Helen sofort, dass sie die »Böse« sei, die schuld am Ende der Beziehung ist, und versucht im Weiteren, ihre Entscheidung, sich zu trennen, zu legitimieren. Aus ihrer Sicht stellt eine unkontrollierbare emotionale Dynamik den Trennungsgrund dar, die daraus entstand, dass ihre innersten Bedürfnisse mit Chris nicht verwirklicht wurden. Es seien »von Anfang an Zweifel« dagewesen, ihre Gefühle für Chris seien immer weniger geworden und am Ende verloren gegangen. Dadurch sei sie selbst »überhaupt nur so'n Schatten von dem« gewesen, was »sie gerne gewesen wäre.« Dagegen könne sie an der Seite ihres Geliebten Justin ein authentisches und glücklicheres Leben führen. Sie könne die Liebschaft nicht aufgeben, um ihre Ehe zu retten, weil sie gerade erst »wieder anfange, glücklich zu sein«. Weiterhin führt sie Versuche an, die Ehe zu retten, die aber nicht den gewünschten Erfolg gezeigt hätten. So sei an Paarabenden keine tiefgreifende Kommunikation mehr möglich gewesen, in der jeder sein innerstes preisgibt. Nur indirekt weist sie ihrem Partner Schuld zu, indem sie darlegt, dass dieser »nicht immer ein guter Partner« gewesen sei. Für sich selbst reklamiert sie im Rahmen einer Therapie viel an sich gearbeitet zu haben, auch wenn dies für die Ehe zu spät erfolgt sei. Umgekehrt steht für Chris die Scham im Vordergrund, verlassen worden zu sein: »Sie hat etwas beendet, was ich eigentlich noch für ziemlich gut hielt. Das führte dann dazu, dass ich mich gefragt habe, bin ich so ein furchtbarer Mensch, dass sie es mit mir nicht mehr aushält? Und bereit ist, all das, was wir haben, auch mit den Kindern, hinzuwerfen?«. Trotz dieser Kränkungen vermeidet Chris offene Schuldzuweisungen, gibt sich selbstreflektiert und sieht am Ende mangelnde Passung als das Problem des Paares: »Ich bin tatsächlich kein furchtbarer Mensch. Aber ich bin halt nicht der Mensch, der für SIE geeignet ist«. Gleichwohl werden subtile Abwertungen seiner Partnerin deutlich, die aus seiner Kränkung resultieren. So spricht er davon, dass seine ehemalige Partnerin eine »Disneyvorstellung« von Beziehung gehabt habe, also unrealistische, kindische Ideale verfolgt habe. In Bezug auf seine Bewertung des neuen Partners seiner Frau räumt er eigene Fehler ein, bleibt aber trotzdem unterschwellig abwertend: »Ich bin nicht den Ansprüchen gerecht geworden, die ich sonst an mich habe. Reflexionsfähigkeit et cetera. Sondern ich war wirklich sehr verletzt und hab vielleicht auch Dinge gesagt, die ich heute auf gar keinen Fall wiederholen würde. Ich hab den neuen Partner, ohne ihn wirklich zu kennen, in dem Moment aus Eifersucht oder so schlecht gemacht. Zugegeben, er ist 22, heißt Justin und wohnte bei seiner Mutter. Also es gab schon gewisse Ansatzpunkte, sich darüber ein bisschen lustig drüber zu machen, war jetzt auch nicht so schwer.«

Fallbeispiel Jeanette & Sascha – Männlichkeit und Weiblichkeit erfüllen

Auch Jeanette und Sascha haben sich mit etwa 20 kennengelernt. Sie absolvierte zu diesem Zeitpunkt eine Ausbildung zur Friseurin, während er als Bildungsaufsteiger einen Ingenieursabschluss an einer Fachhochschule erwarb. Nachdem Jeanette schwanger wurde, zogen sie gemeinsam in die Einliegerwohnung von ihren Eltern. Jeanette hörte auf zu arbeiten, um sich um das Kind und den

3.2 Sinnfindung in Trennungen – Gesichtswahrung und Identitätsfindung

Haushalt zu kümmern, während er seine Berufskarriere anging. Damit begannen vielfältige Konflikte: Jeanette geriet in Konflikte mit ihren Eltern, es gab Konflikte um Geld und schließlich traf Jeanette ihre Jugendliebe Torsten wieder und begann eine Beziehung mit ihm. Sascha reagiert darauf mit Rückzug, beendete die Ehe aber nicht sofort. Die Trennung wurde schließlich durch Jeanettes Eltern in Gang gesetzt, die Sascha dazu aufforderten, sich zu trennen.

Wie deuten die beiden nun diese Trennung? Jeanette kritisiert ihren Partner vor allem dafür, dass er »seinen Mann nicht gestanden habe«. So habe er sich in den Konflikten mit ihren Eltern nicht genug auf ihre Seite gestellt »Ein Mann hat hinter seiner Frau zu stehen und nicht zwischendrin.« Die finanziellen Probleme seien durch die »Spielsucht« ihres Partners verursacht gewesen. Auch ihr Fremdgehen sei eine Konsequenz aus dem Versagen ihres Partners als Mann. Er habe sich sexuell immer mehr zurückgezogen und nicht einmal mehr zu schätzen gewusst, wenn sie ihre Erotik durch den Kauf von Dessous versucht hätte aufzuwerten. Zudem habe er es versäumt, sie für ihr Fremdgehen klar in die Schranken zu weisen. »Ich hab ihm von Anfang an die Wahrheit eingeschenkt. Und er ist jetzt nicht wie jeder andere Mann, was normal gewesen wäre, mit der Faust auf den Tisch, ›ich trenn mich sofort und pack meine Sachen‹ und weg ist er.«

Sascha dagegen erklärt die meisten Ereignisse umgekehrt: Sie habe ihre Affäre lange verheimlicht. Während er alles getan habe, um die Familie finanziell abzusichern, habe Jeanette ihm nicht den Rücken freigehalten. Zum Beispiel indem sie ihn in die Konflikte mit ihren Eltern hereingezogen hätte: »Ich komm heim von der Arbeit, hab ganz andere Probleme und dann muss ich mir das noch anhören.« An der finanziellen Situation sei Jeanette durch ihre »Bestellsucht« und das fehlende Engagement, einen Nebenjob aufzunehmen, schuld. Auch ihre Aufgaben als Hausfrau habe sie nicht gut erfüllt. Insbesondre kritisiert Sascha die einseitige Ernährung des Kindes und ihre Unlust am Kochen.

3 Das Ende von Paarbeziehungen – Wenn die Liebe endet ...

Insgesamt sehen beide die Fehler vor allem darin, dass der andere seine Rolle als Frau und Mann, als Vater und Mutter nicht gut erfüllt habe. Dies ermöglicht eine weitgehende Kontinuität der eigenen Identität als »tauglicher« Ehemann und Vater oder als »gute« Mutter und Ehefrau im Sinne traditioneller Geschlechterrollenmuster, lässt aber wenig Raum für Selbstreflexion und eigene Weiterentwicklung.

Was zeigt sich anhand dieser Fälle? Im individualisierten Milieu sehen die Forscherinnen insgesamt ein *Beziehungsleitbild*, dass vor allem durch »Authentizität«, durch »Kenntnis und Kommunikation der inneren Wahrheit« (Eckert et al. 2019, 28) geprägt ist: Beide Partner*innen sollen »sich selbst treu« bleiben in der Beziehung, sich »nicht verstellen« müssen und mit dem*der anderen zusammen ganz entspannt »einfach ich sein« können. Dies setzt die Kenntnis bzw. stetige Erforschung des eigenen Selbst voraus, die Gewährleistung einer gewissen Unabhängigkeit und Autonomie für beide Partner*innen und eine Selbstthematisierung in der Paarkommunikation. Die Qualität des Paarlebens ist entscheidend dadurch geprägt, dass man einander Zugang zum inneren Selbst gewährt. Im traditionellen Milieu sind dagegen stärker Normalitätsvorstellungen von Weiblichkeit und Mutterschaft sowie Männlichkeit und Vaterschaft prägend (Eckert et al. 2019, 52). Es gibt klarere Vorstellungen vom normalen Lebensverlauf, und statt innerem Wachstum steht stärker das Aufbauen eines guten gemeinsamen (Alltags-)Lebens im Vordergrund. Für Väter ist die Rolle des Ernährers von selbstverständlicher Bedeutung, für Mütter die Rolle der fürsorgenden Hausfrau (bei zunehmender Bedeutung von Teilzeiterwerbsarbeit). Man liebt sich selbstverständlich als besondere Menschen und Einzelpersonen, aber auch dafür ist es zentral, dass die geschlechterspezifischen Aufgaben gut erfüllt werden – »Dass du eben auch als Mutter richtig weltklasse bist, das steigert auch noch mal die Liebe«, so ein Mann in einem Paarinterview (Kerschgens 2008).

Trennungslegitimationen stellen so im individualisierten Milieu vor allem ein Mangel an Authentizität und Kommunikationsprobleme

3.2 Sinnfindung in Trennungen – Gesichtswahrung und Identitätsfindung

dar (Eckert et al. 2019, 30). Lebensstile und Lebensvorstellungen passen an einem gewissen Punkt nicht mehr zusammen, der*die Partner*in kann nicht mit seinem »wahren Inneren« erlebt werden und auch man selbst müsste sich aufgeben oder von seinem Selbst entfremden, wenn man in der Beziehung verbleibt. Begründet werden Trennungen damit vor allem durch »authentische Emotionen«, durch »Bauchgefühle«, die man ggf. rational lange verdrängt hat. Die Ähnlichkeit solcher Vorstellungen zu psychologischen und psychotherapeutischen Diskursen ist deutlich. Entsprechend werden auch Ideen und Begriffe aus diesem Bereich oft als Legitimation der Trennung herangezogen. Im traditionellen Milieu dagegen sind es äußere Fakten, die als »offenkundige Wahrheit« verstanden werden, welche die Trennung begründen. Dabei geht es im Kern darum, dass der*die Partner*in wichtige Momente seiner Geschlechterrolle nicht erfüllt hat und sich daher als adäquate*r Partner*in »disqualifiziert« hat (Eckert et al. 2019, 54). Männern wird vorgeworfen, dass sie keine guten Beschützer und Ernährer sind. Sie bekommen »das Finanzielle« nicht auf die Reihe (Schulden, brüchige Erwerbsbiographien, Spielsucht, Drogen) oder stellen sich in Konflikten nicht klar genug vor ihre Partnerinnen. Frauen wird vorgeworfen, ihre Rolle als Partnerin, Mutter und Hausfrau vernachlässigt zu haben. Mangelnde Erledigung der Hausarbeiten, schwindende körperliche Attraktivität, ungenügende Leistungen als Familienköchin oder Vernachlässigung der Kinderbetreuung werden genannt. Selbstverständlich sehen dies in beiden Fällen die dazugehörigen Partner*innen anders und die »Wahrheit« lässt sich kaum feststellen. Relevant ist allerdings, dass das der Beziehung unterliegende (Geschlechter-)Arrangement gebrochen wurde, was beide Seiten mit Erzählungen von entsprechenden Situationen und Ereignissen sowie unter Berufung auf Zeugen aus dem Sozialumfeld (Freund*innen, Eltern, Schwiegereltern) zu bestätigen suchen.

In den Erzählungen werden *Identitäten* entworfen und verteidigt, die eine Wahrung des Selbstbewusstseins als kompetente*r und begehrenswerte*r Beziehungspartner*in erlauben. Im individualisierten Milieu dienen dazu partielle Schuldeingeständnisse und ein zumindest rhetorisches Hinterfragen des eigenen Selbst. Gleichzeitig wird subtil am anderen seine mangelnde Reflexionsfähigkeit kritisiert oder negativ-psychologische Deutungen hervorgehoben. Im traditionellen Milieu steht dagegen die Abwehr des Vorwurfes, seine Rolle nicht erfüllt zu haben, im Vordergrund. Die eigene Rollenerfüllung wird dagegen nahezu überbetont. Auch wenn damit die Erzählungen manchmal Züge eines Prozesses mit Zeugen annehmen, ist das positive Moment, dass in diesen Milieus selten die ganze Person abgewertet wird. Es sind bestimmte Verhaltensweisen, die »abweichend« und »nicht tolerierbar« waren. Jenseits dessen können beide Seiten aber oft noch sehr positive Eigenschaften aneinander erkennen. Demgegenüber entwerten die im individualisierten Milieu vorherrschenden Deutungen tendenziell die Ganze, sich nicht reflexiv genug zeigende Persönlichkeit.

Die dargestellten Fälle aus der Studie von Eckert u. a. (2019) sind dadurch, dass sie zwei kontrastierende Typen illustrieren sollen, deutlich zugespitzt. In der Praxis werden sich bei vielen Paaren Mischungen der Denkweisen finden und weitere Milieus mit eigenen typischen Deutungen sind anzunehmen. Wie ich meine Trennung verstehe, ist also nicht nur individuell, sondern nutzt ein je unterschiedliches Angebot an gesellschaftlich angebotenen Erklärungsmustern, die mit sozialen Lagen zusammenhängen. Mit Rückgriff auf die im vorangegangenen Kapitel vorgestellten psychodynamischen Verstehensweisen kann man dies noch erweitern: Wie die Trennung verstanden wird, hängt neben gesellschaftlichen Deutungsmustern auch von unbewussten Erlebensweisen und den Möglichkeiten der Verarbeitung zusammen. Diese Mischung ist das subjektive und eigentlich Einzigartige jeder einzelnen Trennung.

3.3 Die Arbeit des Entliebens – Trennungsverläufe und Trennungsfolgen

Trennungen stellen kein Einzelereignis dar, auch wenn manchmal im Nachhinein ein Zeitpunkt festlegbar scheint, an dem die Beziehung »gescheitert« war oder an dem der Entschluss, sich zu trennen, von eine*r der Partner*innen klar artikuliert wurde. Vielmehr gibt es in jedem Fall ein »Vorspiel« zur Trennungsentscheidung, das nicht klar einzugrenzen ist, und ein ebenso nicht ganz klar einzugrenzendes »Nachspiel« der Entwicklung und Verarbeitung der Trennung. In diesem Prozess entwickeln sich Dynamiken, die dazu führen, dass selten eine*r der Partner*innen das »Heft des Handelns« alleine in der Hand hat, und etwa einen Trennungsentschluss einfach »umsetzt«. Der*Die andere Partner*in reagiert und durch die hohe Emotionalität der Situation reagiert er*sie oft anders, als der*die andere erwartet hatte. Selbst noch so klar sortierte Pläne und Vorhaben müssen stetig modifiziert werden oder drohen ganz zu scheitern. Manchmal findet sich sogar der*diejenige, der*die eigentlich die Initiative ergriffen hatte, als der*diejenige wieder, der*die am Ende doch zögert und dann vom Anderen verlassen wird (Lenz 2009b, 163). Trennungen sind komplexe Prozesse, in denen emotionale, kognitiv-rationale, verhaltensbezogene, individuelle, paarbezogene und soziale Faktoren des weiteren Umfeldes eine Rolle spielen. Obwohl sie recht chaotisch sind, kann man versuchen, sie in Phasen zu sortieren.

Stille Vorentwicklungen

Bei aller Varianz der Abläufe beginnt der Auflösungsprozess einer Beziehung meist mit einer individuellen, intrapsychischen Phase. Hier verdichtet sich die Unzufriedenheit bei eine*r Partner*in gedanklich immer mehr zu der Vorstellung, dass die Beziehung nicht mehr auszuhalten ist. Dies folgt selten einem klaren und gradlinigen Weg: Unsicherheit, wie man mit der eigenen Enttäuschung über die Beziehung umgehen soll, wie sie zu erklären ist und ob die Unzufriedenheit überhaupt gerechtfertigt ist, sind normal. Dies führt zu einem rationalen Abwägen, aber auch vielfältige emotionale Dynamiken kommen in Gang: Selbstzweifel, (unbewusste) Ängste vor der Trennung oder vor der Konfrontation des*der Partner*in können dazu führen, dass der Trennungswunsch zurückgestellt wird oder unbewusst abgewehrt wird. Parallel können sich schon erste Verhaltensänderungen zeigen, etwa dass man mehr Zeit ohne den*die Partner*in verbringt, Hobbys intensiver pflegt oder eigene Freundschaftsnetzwerke (re-)aktiviert (Lenz 2009b, 164; Herzer 2006, 137). Innerlich werden oft schon negative Deutungen der Partnerschaft entwickelt und es wird nach Nischen gesucht, in denen Ansätze einer neuen Identität jenseits des Paares aufgebaut werden können (Lenz 2009b, 170). Meist hat dies einen verstärkenden Effekt für eine Beziehungskrise, da der*die Partner*in den Rückzug spürt, verletzt reagiert und sich ebenfalls zurückzieht. Beide suchen dann positive Erfahrungen verstärkt außerhalb der Beziehung, womit sich der Kreis schließt. Insgesamt begleiten Zweifel, Unsicherheit und Angst diese Phase, in der vor allem nach Orientierung gesucht wird.

Dyadische Phase und Familienphase

Wenn eine*r die Trennungsabsicht offen äußert, geht die Trennung in eine offene Paardynamik über. Meist wird zuerst dem*der Partner*in und im weiteren Verlauf manchmal auch schon den Kindern deutlich, dass das gesamte Familiensystem in seiner momentanen Form nicht weiterbestehen wird. Der*Die Trennende empfindet nicht selten Schuld und ist herausgefordert, den Entschluss anhand von konkreten Ereignissen aus dem Familien- oder Paarleben zu legitimieren. Oft ergeben sich erneute Versuche, die Beziehung zu verbessern. Oder es wird zunächst weiter wie bisher gelebt, da keiner entschiedene Schritte zur weiteren Trennung geht. Die Trennung

3.3 Die Arbeit des Entliebens – Trennungsverläufe und Trennungsfolgen

wird quasi aufgeschoben, ohne dass eine Lösung in Sicht ist. Die Unsicherheit aus der stillen ersten Vorphase steigert sich dann und es kann zu Wut auf den*die Partner*in, Wiederaufflammen von Liebesgefühlen, Traurigkeit aber auch Euphorie angesichts einer Hoffnung auf Veränderung kommen. Auch hier fehlen gesellschaftliche Orientierungspunkte, wie man mit dieser Situation »richtig« umgeht, was die Regeln dieser Situation sein sollen (Herzer 2006, 138; Lenz 2009b, 167). Unternimmt man noch etwas als Familie gemeinsam mit den Kindern oder trennt man die Zeiten bereits weitgehend auf? Unterstützt man sich noch im Alltag, kocht man noch für den*die Partner*in oder wäscht seine Wäsche oder findet dies alles mit der Trennungsabsicht ein Ende? Wenn der Weg der Trennung weiter gegangen werden soll, ist eine nächste Hürde, dass der Kreis der »Eingeweihten« langsam erweitert wird. Neben Freund*innen, die ins Vertrauen gezogen werden, ist auch die Offenlegung der Trennungsabsicht gegenüber Verwandten, den eigenen Eltern und natürlich auch den gemeinsamen Kindern relevant. Zugleich stellt all dies auch eine große Schwelle und Hürde dar, so dass viele Paare auch lange in dieser Phase verweilen. Es braucht jedenfalls, um mit der Trennung »weiter« zu kommen, eine »öffentliche Geschichte« der Trennung bzw. oftmals zwei öffentliche Geschichten der Trennung.

Öffentlich machen und öffentlich werden

Mit der Veröffentlichung der Trennungsentscheidung sind die Partner*innen vielfältigen Reaktionen ausgesetzt, bedauernden und verständnisvollen, aber auch vorwurfsvollen, abweisenden oder auch wütenden. Die der gemeinsamen Kinder und der eigenen Eltern haben oft besondere Bedeutung. Freundesnetzwerke wie Familienangehörige stehen oft vor der Entscheidung, sich auf eine Seite stellen zu müssen – oder dauerhaft Loyalitätskonflikte zu erleben (Lenz 2009b, 167).

Ein schwieriger und entscheidender Punkt ist der Auszug eines Elternteils aus der gemeinsamen Wohnung bzw. die Veränderung der familialen Wohnsituation. Einerseits stellt dieser Trennungsschritt auf der Ebene des Paars meist eine Entlastung von Konflikten dar und kann den Beginn eines gemeinsamen Familienlebens über verschiedene Haushalte hinweg markieren. Allerdings gehen mit diesem Schritt auch Stressfaktoren einher. Die Trennung wird deutlicher sicht- und spürbar, auch für die Kinder. Sie ist nun nicht mehr gegenüber der Öffentlichkeit zu verbergen. Ungleichgewichte, wie ein unterschiedlich stark ausgeprägter Trennungswunsch, materielle Möglichkeiten, Fragen des Zugangs zu den gemeinsamen Kindern und Unsicherheiten in der Alltagsorganisation (Herzer 2006, 140) können bei allen Beteiligten sehr starke Emotionen wie Schuld, Scham, Wut, Ohnmacht und Verlustängste hervorrufen bis hin zu Gefühlen, vom bzw. von der Partner*in oder als Kind von einem Elternteil verraten worden zu sein. Wer die gemeinsame Wohnung verlässt, tut dies oft mit sehr wenigen persönlichen Dingen, und steht in einer neuen Bleibe erst mal einer Leere gegenüber, da es kaum Objekte mit längerer Geschichte gibt, welche die Familienvergangenheit repräsentieren (Lenz 2009b, 182). Dies kann schmerzhaft sein, aber auch den Neuanfang erleichtern.

Die räumliche Trennung legt auch eine Neuorganisation des familialen Alltags nahe, eine Reorganisation des Familiensystems verbunden mit einer Neudefinition der Elternrollen. Dies ist angesichts der Emotionalität der Phase und mangels gesellschaftlicher Vorbilder schwierig. Eltern machen in dieser Zeit zwangsläufig auch Fehler und oft ist unklar, was das jeweils Richtige ist. Entscheidend für gute eigenständige Beziehungen als Eltern zu den Kindern ist es, eine neue Form der Beziehung zwischen den Eltern zu etablieren. Eltern sollten versuchen, zu einer möglichst wut- und hassfreien Kooperationsbeziehung zu gelangen, wenn sie ihren Kindern Kontakt zu beiden Elternteilen ermöglichen wollen und weiter gemeinsam Eltern sein wollen (▶ Kap. 4).

3.3 Die Arbeit des Entliebens – Trennungsverläufe und Trennungsfolgen

Verarbeitung der Trennung

Am Ende der turbulenten Übergangszeit steht die dauerhafte Verarbeitung, der Aufbau einer dauerhaften sinnstiftenden Erinnerung, in der dann hoffentlich neben schmerzlichen Erfahrungen auch Platz für schöne Erinnerungen ist. Man kann hier auch von der Ausbildung einer neuen Familienidentität sprechen (Herzer 2006, 140). Es wird angenommen, dass es den meisten Eltern nach einer etwa dreijährigen Anpassungsphase gelingt, ihre Konflikte ausreichend zu lösen und auch wieder ein ausreichend gutes Familienklima zu etablieren, sodass Kinder sich gut entwickeln können. Allerdings bleiben acht bis zehn Prozent der Trennungsfamilien in anhaltenden Konfliktdynamiken hängen (Walper et al. 2021, 8) und gelten daher als hochkonflikthaft (▶ Kap. 6). In jeder Trennung – sei sie noch so gut – müssen Wünsche und Hoffnungen losgelassen werden, die nicht mehr erfüllbar sind, und die schmerzhaften Folgen von Entscheidungen verarbeitet werden. Dies soll im letzten Abschnitt dieses Kapitels noch mal zusammenfassend aufgefächert werden.

> **§§ Das Scheidungsverfahren**
> Für das gerichtliche Scheidungsverfahren gilt das Gesetz über das Verfahren in Familiensachen und in Angelegenheiten der freiwilligen Gerichtsbarkeit (FamFG). Zuständig für das Scheidungsverfahren sind die Familienabteilungen der Amtsgerichte; sie werden Familiengericht genannt. Örtlich zuständig ist in der Regel das Gericht, in dessen Bezirk einer der Ehegatten mit allen gemeinschaftlichen minderjährigen Kindern seinen gewöhnlichen Aufenthalt hat (§ 122 FamFG). Verfahren vor dem Familiengericht sind aufgrund der engen persönlichen Verbindungen der beteiligten Personen von Emotionen geprägt, die für das nüchterne Recht schwer zu verarbeiten sind. Gleichwohl haben Emotionen großen Einfluss auf das gerichtliche Verfahren, vor allem auf den

Grad der Eskalation einer Auseinandersetzung und umgekehrt auf die Möglichkeiten einer einvernehmlichen Schlichtung des Konflikts (Trenczek et al. 2018, 355 f.). Das FamFG betont die Möglichkeiten der einvernehmlichen Streitbeilegung und die Beschleunigung von Verfahren, um dem sozialen Gefüge enger familiärer und emotionaler Bindungen zu entsprechen (Trenczek et al. 2018, 305).

Im Scheidungsverfahren besteht grundsätzlich die Notwendigkeit, sich von einem Anwalt oder einer Anwältin vertreten zu lassen (§ 114 FamFG). Eine Besonderheit im Verfahren besteht darin, dass über die Scheidung und die wichtigsten Folgen der Scheidung (sog. Folgesachen) zusammen verhandelt und entschieden werden kann; es wird ein sog. Verbund hergestellt (Schwab 2019, 158). Zu den Folgesachen der Scheidung gehören gemäß § 137 FamFG etwa der Versorgungsausgleich, der Unterhalt und der Vermögensausgleich, aber auch Regelungen zu elterlicher Sorge und Umgangsrecht. Sind die Ehegatten sich einig, kann es sinnvoll sein, im Vorfeld der Scheidung eine sog. Scheidungsfolgenvereinbarung zu treffen. Dabei handelt es sich um einen Vertrag, der Einzelheiten der Scheidung regelt, etwa den Unterhalt, einen Verzicht auf den Versorgungsausgleich oder das Sorge- und Umgangsrecht für die Kinder.

Eine Scheidung kann teuer werden. Ihre Kosten setzen sich aus Kosten für das Gericht sowie für anwaltliche Vertretung zusammen. Es gibt aber keinen pauschalen Preis für eine Scheidung. Vielmehr wird ein sog. Streitwert oder auch Gegenstandswert gebildet, der die Lebenssituation des Paares bzw. der Familie abbildet. Wesentliche Faktoren zur Bestimmung des Gegenstandswertes sind unter anderem die Nettoeinkommen und Vermögen der Ehegatten. Für die so ermittelten Gegenstandswerte gibt es (leider nicht ganz einfach verständliche) Gebührentabellen im Gesetz. Für die Gerichtskosten finden sich diese in § 34 des Gerichtskostengesetzes und für die Anwaltskosten in § 13 des Rechtsanwaltsvergütungsgesetzes. Für eine erste Kostenabschätzung (als Anhaltspunkt und ohne Gewähr) bieten sich ggf. Scheidungskostenrechner an, die leicht im Internet zu finden sind. Achtung: Es gibt Anwält*innen, die ihre Kosten nicht nach dem RVG abrechnen, sondern über individuelle Honorarvereinbarungen, in der Regel über Stundensätze. Dies kann – je nach Fallkonstellation und Arbeitsaufwand – teurer werden.

Sind die Ehepartner*innen sich einig, handelt es sich also um eine einvernehmliche Scheidung, ist es kostensparend nur eine*n Anwält*in mit der Vertretung zu beauftragen. Sollten Ehegatten finanziell nicht in der Lage sein, die Kosten des Scheidungsverfahrens zu tragen, besteht die Möglichkeit, die sog. Verfahrenskostenhilfe in Anspruch zu nehmen (§§ 76 f. FamFG). Beantragt werden kann diese beim Gericht. Dabei muss die antragstellende Person zur Feststellung ihrer Bedürftigkeit ihre finanziellen Verhältnisse darlegen.

3.4 Bewältigungsaufgaben nach einer Trennung

Trennungen stellen kritische Lebensereignisse dar, in denen viele Aspekte des Lebens von tiefgreifenden Veränderungen erfasst werden. Stellt man diese noch einmal nebeneinander, so wird deutlich, wie spannungsreich und ambivalent diese besonders für Eltern sind, die neben der Ablösung von der Partnerschaft an der Etablierung einer neuen Beziehung zum*zur ehemaligen Partner*in arbeiten müssen, wenn eine gemeinsame Elternschaft nach der Trennung gelingen soll.

Ökonomische Folgen und Alltagsorganisation

Trennungen gehen in der Regel für beide Partner*innen mit deutlichen finanziellen Verlusten einher. Die Notwendigkeit, fortan zwei Haushalte finanzieren zu müssen, stellt eine große Belastung dar, insbesondere in Ballungsräumen mit hohen Mieten. Soziologische Studien weisen auch darauf hin, dass Frauen stärker von Einkommenseinbußen betroffen sind (Eckert 2021, 391). Höhere Bildung, eine bessere Integration in den Arbeitsmarkt und ein bereits vor der Trennung besseres Lohnniveau vermindern diese Effekte, die andererseits durch betreuungsbedürftige Kinder – der Hauptgrund für eine Verminderung des Einkommens nach Trennung – verstärkt werden (Peuckert 2019, 282). Scheidungen folgen dabei Mustern der geschlechtsbezogenen Arbeitsteilung, die in Momenten wie der Geburt, aber eben auch einer Scheidung besonders deutlich werden, auch wenn sie gesellschaftlich wie auch im Einzelfall zunehmend umstritten sind.

Es entsteht eine Neuverteilung der elterlichen Funktionen und Familienaufgaben unter erschwerten Bedingungen. Zusammen mit der notwendigen finanziellen Trennung und der Suche nach »fairen« Regelungen ergeben sich unterschiedliche geschlechterbezogene Bedürfnisse. Zudem werden vielfältige Machtfragen berührt, die miteinander verwoben sind oder in der Dynamik des Trennungsgeschehens miteinander verwoben werden. Dazu gehören vor allem Fragen um die finanzielle Macht und einen fairen Ausgleich (Wer zahlt wie viel für wen und wie lange? Wem gehört welcher Teil des Vermögens? Wer kann sich noch welche Wohnung, welchen Urlaub leisten?). Hier sind Männer oft in der besseren Ausgangsposition. Frauen sind oft machtvoller mit Blick auf Fragen der Organisation von Elternschaft bzw. des »Zugangs« zu den Kindern (Wer betreut die Kinder wann? Wer kümmert sich um notwendige Besorgungen und Fürsorgeaufgaben? Aber auch: Wer darf und kann sie wie häufig sehen und schöne Zeit mit ihnen verbringen?). Dies liegt zum einen daran, dass sie meist bereits in der Beziehung hier mehr Engagement und Initiative gezeigt haben, zum anderen daran, dass dies immer

3.4 Bewältigungsaufgaben nach einer Trennung

noch gesellschaftlichen Rollenbildern entspricht. Sie erleben es manchmal so, dass sich Männer nach einer Trennung (weiterhin) die »Rosinen herauspicken«, also schöne Freizeit mit ihren Kindern verbringen, die lästigen Fürsorgeaufgaben aber (weiterhin) bei den Partnerinnen liegen lassen. Hier ist viel Potential für Konflikte, die latent bereits in der Partnerschaft bestanden, aber nicht offen ausgetragen wurden. Schwierig wird es, wo unter Rückgriff auf diese Machtressourcen Auseinandersetzungen beginnen: Unterhaltszahlungen werden dann als Machtinstrument meist der Männer gedeutet oder auch eingesetzt, um »Wohlverhalten« zu erzwingen (Lenz 2009b, 180). Eine Verhinderung oder Verschlechterung des Kontaktes zu den Kindern ist im Gegenzug dann das befürchtete, wahrgenommene oder auch benutzte Mittel des »Gegendrucks«, das häufiger für Frauen verfügbar ist. So können Kämpfe entbrennen, obgleich jedem ersichtlich sein müsste, dass dies auf Dauer nur Schäden und keine Gewinner hinterlässt. Hilfreich wäre stattdessen eine wechselseitige Perspektivenübernahme, auch wenn diese aufgrund der emotionalen Situation und den bereits dargestellten Fragen der Gesichts- und Identitätswahrung oft schwer fällt. Sinnvoll ist es immer wieder Abstand von den eigenen emotionalen Verstrickungen zu nehmen und zumindest zu versuchen, strittige Fragen zu versachlichen und durch Offenheit für Kompromisse zu entschärfen. Beratungs- und Mediationsangebote können hier hilfreich sein.

> §§ **Die wirtschaftlichen Folgen von Trennung und Scheidung**
> Mit der Trennung, vor allem aber mit der Scheidung stellen sich zwei große Fragen: zum einen die Frage, wie etwaiges Vermögen, das während der Zeit der Ehe erwirtschaftet wurde, verteilt werden soll, und zum anderen, ob und in welcher Höhe nach der Scheidung Unterhaltsansprüche zwischen den Ehegatten bestehen. Alle Unterhaltsansprüche setzen voraus, dass eine der beteiligten Personen ihren Lebensunterhalt nicht eigenständig bestreiten kann, also bedürftig ist, und die andere Person zur

3 Das Ende von Paarbeziehungen – Wenn die Liebe endet ...

Leistung von Unterhalt in der Lage, also leistungsfähig, ist (siehe etwa §§ 1577, 1581, 1602, 1603 BGB).

a) Trennungsunterhalt für Ehegatten
Gemäß § 1361 BGB kann nach der Trennung und noch vor der Scheidung ein *Ehegatte* von dem anderen den nach den Lebensverhältnissen und den Erwerbs- und Vermögensverhältnissen angemessenen *Trennungsunterhalt* verlangen. Bedürftigkeit kann bereits dann bestehen, wenn ein Ehegatte sich während des Zusammenlebens beispielsweise um den Haushalt gekümmert hat und deswegen nicht erwerbstätig war – eine Verpflichtung für den eigenen Lebensunterhalt selbst zu sorgen ist nicht unmittelbar nach der Trennung anzunehmen (Schwab 2019, 170). Hingegen ist in der Regel kein Trennungsunterhalt zu leisten, wenn beide Ehegatten kinderlos sind und in etwa gleich viel verdienen. Im Gegensatz zum Unterhalt nach der Scheidung können Ehegatten nicht auf den Trennungsunterhalt verzichten, was zur Folge hat, dass Sozialleistungen zur Existenzsicherung ausgeschlossen sind, solange das Paar verheiratet ist und ein Ehegatte auf Unterhalt in Anspruch genommen werden kann (Trenczek et al., 2018, 313). Die Berechnung der Unterhaltshöhe erfolgt anhand der sog. Düsseldorfer Tabelle (Näheres dazu sogleich).

b) Unterhalt und Vermögen nach einer Scheidung
Was mit dem Vermögen der Ehegatten nach der Scheidung geschieht, bestimmt das Bürgerliche Gesetzbuch mit den Regelungen zum *ehelichen Güterrecht*. Unterschieden werden hier die *Zugewinngemeinschaft* (§ 1663 BGB), die *Gütertrennung* (§ 1414 BGB) und die *Gütergemeinschaft* (§ 1415 ff. BGB). Eine Zugewinngemeinschaft ist der »Standardfall«. Sie besteht immer dann, wenn nicht durch Ehevertrag etwas anderes vereinbart wurde (§ 1363 BGB). Lebt ein Paar im Güterstand der Zugewinngemeinschaft, bedeutet dies, dass die jeweiligen Vermögen der Ehegatten während der Ehe nicht gemeinschaftliches Vermögen werden, sondern formal getrennt bleiben. Mit der Scheidung findet aber ein *Zugewinnausgleich* statt, also ein Ausgleich des Teils des Vermögens, der während der

3.4 Bewältigungsaufgaben nach einer Trennung

Ehe hinzugekommen ist (Trenczek et al. 2018, 311). Hinzu kommt der *Versorgungsausgleich* nach dem Versorgungsausgleichsgesetz (VersAusglG) – der Ausgleich des Erwerbs von Anrechten auf Versorgung wegen Alters oder verminderter Erwerbsfähigkeit (aus der gesetzlichen Rentenversicherung oder anderen Regelsicherungssystemen). Relevant ist dies vor allem für Ehegatten, die familienbedingt weniger erwerbstätig waren und aufgrund dessen weniger Anwartschaften erworben haben (Trenczek et al. 2018, 314 f.). Der Versorgungsausgleich kann vertraglich ausgeschlossen werden. Bei kurzer Ehezeit (bis zu drei Jahren) findet er zudem nur auf Antrag statt (§ 3 VersAusglG).

Nach der Scheidung gilt gemäß § 1569 BGB die allgemeine Erwartung, dass die Ehegatten eigenverantwortlich für sich selbst sorgen. Nicht selten bestehen trotzdem *Unterhaltsansprüche* des einkommensschwächeren *Ehegatten* gegen den anderen, da es einem Ehegatten nicht möglich bzw. zumutbar ist, für sich selbst zu sorgen. Die möglichen Fälle dafür sind im BGB in den §§ 1570 ff. abschließend geregelt. Relevant für Ehegatten mit gemeinsamen Kindern ist die Möglichkeit, Unterhalt wegen der Betreuung von Kindern zu erhalten. Gemäß § 1570 BGB kann ein das Kind betreuender und aus diesem Grund nicht oder nur teilweise berufstätiger geschiedener Ehegatte Unterhalt nach der Scheidung für mindestens drei Jahre nach der Geburt erhalten; Verlängerung ist möglich, hierbei sind die Belange des Kindes und bestehende Betreuungsmöglichkeiten zu berücksichtigen. Mit dem Alter des Kindes steigt die Verpflichtung des geschiedenen betreuenden Ehegatten, eine berufliche Tätigkeit (wieder) aufzunehmen. Achtung: Der Unterhalt eines Ehegatten ist nicht zu verwechseln mit dem sog. Kindesunterhalt, den das Kind selbst erhält (▶ Kap. 4). Auch der Unterhalt nach der Scheidung und Trennungsunterhalt sind rechtlich voneinander zu unterscheiden, da sie unterschiedliche Zeiträume und Lebenssituationen betreffen; daher muss für die Feststellung von Unterhaltsansprüchen nach der Scheidung ein gesondertes Verfahren durchgeführt werden (Schwab 2019,

> 170 f.). In der Höhe unterscheiden sich beide aber in der Regel nicht. Im Gegensatz zum Trennungsunterhalt ist der Verzicht auf den Unterhalt nach der Scheidung möglich. Der Unterhalt unter Ehegatten richtet sich nach der sog. *Düsseldorfer Tabelle.* Diese ist kein Gesetz, sondern eine Leitlinie zur Feststellung einer angemessenen Unterhaltshöhe. Bei der Berechnung von Unterhalt unter Ehegatten dient das jeweilige Einkommen der Ehegatten als Bemessungsgrundlage. Da Unterhalt nur leisten kann, wer finanziell dazu in der Lage ist, ohne den eigenen Lebensunterhalt zu gefährden, legt die Düsseldorfer Tabelle für alle Unterhaltsarten Grenzen des Nettogehaltes fest, die nicht unterschritten werden dürfen und dadurch ggf. die Unterhaltszahlung begrenzen. Die Düsseldorfer Tabelle wird vom Oberlandesgericht Düsseldorf herausgegeben und jährlich aktualisiert.
> Düsseldorfer Tabelle:
> https://www.olg-duesseldorf.nrw.de/infos/Duesseldorfer_Tabelle/

Emotionen, psychische Folgen, Sinn- und Selbstkrise

Trennungen sind mit starken Emotionen verbunden, Trauer und Schmerz, Wut und Bitterkeit, Schuld und Versagensgefühle sowie Scham, Selbstverachtung, Sinnlosigkeit und Einsamkeit ebenso wie Momente der Euphorie und Gefühle der Befreiung. Dabei ist es keineswegs so, dass nur der verlassene Teil leidet. Vielmehr zeigen Studien, dass nach einer Trennung beide Partner*innen über längere Zeit unter psychischen Belastungen leiden, die bis hin zu gesundheitlichen Folgen wie Sucht, höherer Krankheitsanfälligkeit und sogar einer höheren Sterblichkeitsrate führen können (Eckert 2021, 391; Peuckert 2019, 282). Allerdings ist unklar, wie stark solche Effekte an der Trennung selbst hängen oder mit dem Umstand, dass sich unter Getrennten mehr unglückliche, von allgemeinen Lebensbedingungen belastete, vielleicht sogar vorerkrankte Menschen befinden. Studien zeigen zum Glück auch, dass der akute Stress nach einiger Zeit deutlich nachlässt. Interessant ist, dass Frauen vor der Trennung tendenziell früher und mehr »leiden«, sich danach aber oftmals schneller erholen als Männer. Dies könnte damit zusammenhängen, dass Frauen oft bessere soziale Unterstützungsnetzwerke pflegen, sie zudem öfter die Trennungsinitiative ergreifen und Männer häufiger »kalt erwischt« werden, aber auch damit, dass sich die Beziehungen zu Kindern bei Männern oft mehr verschlechtern als bei Frauen (Peuckert 2019, 283).

Zeit allein heilt nicht alle Wunden (Peuckert 2019, 282), die Bewältigung der Trennung erfordert psychisches Arbeiten. Der sich trennende Part muss eine starke Diskrepanz zwischen Fremd- und Selbstbild verarbeiten. Er*Sie ist nicht so gesehen und behandelt worden, wie er*sie es meint, verdient zu haben. Für die Verlassenen stehen dagegen Bilder des*der Partner*in massiv in Zweifel (Lenz 2009b, 222). Er*Sie muss einem schweren Irrtum unterlegen sein, da der*die Andere offenbar ganz anders war als angenommen. Das Entwickeln einer negativen Sicht auf die Beziehung und den*die ehemalige*n Partner*in gehört dabei einerseits zu den »normalen« Entwicklungsaufgaben im Rahmen einer Trennung, um Trennungsschmerz und den Verlust einer im Prinzip ja noch verfügbaren Bezugsperson sowie erfahrene Entwertung und Abwertung zu verarbeiten (Lenz 2009b, 180). Auf der anderen Seite ist eine solche »Selbstentlastung« und »Verarbeitung« dauerhaft hinderlich für die eigene Weiterentwicklung und stellt keine gute Basis für gemeinsame Elternschaft nach einer Trennung dar.

Umstrukturierung sozialer Netzwerke

Wie sich im Rahmen der Gründung von Partnerschaften soziale Netzwerke aus Familie und Freund*innen miteinander verweben, so beginnen mit starken Krisen in der Beziehung und Trennungen oft Entflechtungen. Freund*innen werden nach Loyalitäten sortiert, sortieren sich oder müssen sich positionieren. Umso enger die

Netzwerke der Partner*innen verwoben waren, umso mehr Konflikte können auch hier entstehen. Meist sind die Loyalitäten von Verwandten, aber auch Freunden und Freundinnen klar – eher selten sind sie wirklich Freund*innen des sich trennenden Paars gewesen, sondern doch stärker eine*r Partner*in. Hier entfaltet die Trennung eine Eigendynamik, die oft zu Kontaktabbrüchen und zur sozialen Spaltung führt. Die Stärke des Loyalitätskonfliktes, in den Freund*innen und Verwandte geraten, lässt erahnen, wie es den Kindern eines getrennten Paares gehen muss. Umgekehrt kann es ein gutes Zeichen sein, wenn auch im Umfeld Spaltungen vermieden und differenzierte Sichtweisen und emotional unabhängige Positionen möglich sind. Gesellschaftlich wurde die Stigmatisierung Geschiedener abgebaut, dennoch kann es mitunter auch zu Rückzügen im Freundesnetzwerk kommen. Dies kann auch aus der Angst vor einer »Ansteckung«, vor dem Scheitern der eigenen Paarbeziehung, heraus geschehen.

Wichtige Punkte
1. Trennungen bringen eine sehr anstrengende Neuorganisation der eigenen Gefühle, der eigenen Identität und des Alltagslebens mit sich. Eltern in Trennungen sind stark psychisch und alltäglich belastet. Sie neigen zu emotionalen, unüberlegten Handlungen, sind leicht verletzlich und verletzen leicht andere. Es dauert meist etwa drei Jahre, bis sich das (Familien-)Leben und der Alltag aller Beteiligten neu sortiert hat.
2. In dieser Krise ist vieles ambivalent: Selbstmitgefühl und Nachsichtigkeit mit den eigenen Fehlern (und mit den Fehlern ihre*r Partner*in) ist ebenso wichtig, wie eine kritische Auseinandersetzung mit sich selbst und ein Erkennen und bestenfalls auch Eingestehen von Fehlern, die man in der Beziehung und der Trennung begeht und begangen hat. Kinder benötigen besondere Aufmerksamkeit in dieser Zeit, auch wenn es Eltern nicht immer leicht fällt, diese aufzubringen.

3.4 Bewältigungsaufgaben nach einer Trennung

3. Der Aufbau einer neuen Identität, die Sicherung von Selbstbewusstsein, die Verarbeitung von Schuld und Scham sind wichtig – und zugleich verbunden mit der Entwicklung einer negativen Sicht auf die ehemalige Beziehung und den*die ehemalige*n Partner*in.
4. Trotzdem gilt es, mit Blick auf gemeinsame Elternschaft nach einer Trennung eine Kooperation mit dem*der Partner*in aufzubauen. Ablehnung und Abwertung, Wut und Hass sind also zugleich normal, wie hinderlich für das Fortbestehen gemeinsamer Elternschaft. Kinder bestehen fast immer darauf, weiterhin beide Eltern lieben zu dürfen, und wollen nicht, dass ihre Eltern sich wechselseitig abwerten. Wo sich Kinder einseitig mit einem Elternteil solidarisieren (müssen), schützen sie sich meist intuitiv vor großen Konflikten und Verlusten, und suchen Sicherheit in einer bedrohlichen Situation – dauerhaft schadet dies jedoch. Ausnahmen gelten bei Kindeswohlgefährdungen und mangelnder Elternkompetenz.

4 ... und das gemeinsame Elternsein weitergeht – Familienmodelle nach einer Trennung

Eine Trennung der Eltern geht immer mit tiefgreifenden Veränderungen der familialen Alltagsabläufe einher. Die Betreuung der Kinder wird früher oder später und deutlicher aufgeteilt, eingeschliffene Arbeitsteilungsmuster im Haushalt stehen zur Disposition, Vorstellungen über die künftige Erwerbstätigkeit beider Elternteile müssen entwickelt werden und zumindest ein Elternteil, oftmals aber mehrere Familienmitglieder wechseln einmalig oder regelmäßig den Haushalt. Aber auch einfache Dinge im Alltag ändern sich. Freizeitaktivitäten werden zunehmend getrennt verbracht und für Feste und Feiern im Familienkreis muss geklärt werden, wer diese wann und mit wem begeht. Kurz: Eltern stehen mit ihren Kindern vor der Herausforderung, eine ganz neue Form des Lebens als Familie zu finden. Sofern beide Eltern in dieses Familienleben eingebunden sind, ergeben sich daraus generelle Anforderungen an die Zusammenarbeit der Eltern nach einer Trennung, die wir als erstes thematisieren. Diese unterscheiden sich, je nachdem wie die Betreuung der Kinder organisiert wird und wo Kinder und Eltern wann wohnen. Typische Muster, die Betreuungs- und Wohnsituation zu gestalten, werden dabei als Familienmodelle bezeichnet, die wir im Weiteren vorstellen. Wir finden es dabei wichtig zu beachten, dass es in der Praxis viele Zwischenformen und Übergänge zwischen den abstrakten Modellen gibt und Familien über die Zeit oft zwischen diesen Modellen wechseln bzw. diese verändern. Trotzdem ist die grobe Einteilung in verschiedene »Grundmodelle« hilfreich, um Vor- und Nachteile unterschiedlicher Lösungsansätze diskutieren zu können.

4.1 Die Zusammenarbeit der Eltern nach einer Trennung

Gemeinsame Elternschaft beinhaltet bei allen Familien eine Form der Arbeitsteilung zwischen beiden Elternteilen – wie gleich- oder ungleichverteilt diese auch aussieht. Dies führt zu einer mehr oder minder großen Notwendigkeit von Abstimmung, Absprachen und Austausch und birgt immer auch Konfliktpotentiale über die Gestaltung des Alltags, Erziehungs- und Beziehungsfragen und Verantwortlichkeiten. Das Gleiche gilt für Eltern, die nicht (mehr) zusammenleben. Getrennte Eltern sind jedoch im Veränderungsprozess nach einer Trennung zusätzlich herausgefordert, eine neue Form der Kooperation zu entwickeln, während sie gleichzeitig neue Grenzen in der bisherigen familiären Ordnung einziehen (Cornelißen/Monz 2016). Das bedeutet, dass Eltern sich in einem Prozess der Distanzierung von der Paarbeziehung befinden, der mit Konflikten sowie emotionalen und alltäglichen Belastungen einhergeht, zugleich aber neue Formen der Zusammenarbeit in der Elternbeziehung entwickeln müssen (oft Co-Parenting genannt). Wenn dies gelingt, kann ein flexibles und fein abgestimmtes Kooperieren der Eltern zugunsten der Kinder entstehen. Dies »setzt voraus, dass die emotionale Energie der Eltern sich nicht mehr in Schuldgefühlen, Wut und Angst vor neuen Verletzungen aufzehrt«, sondern die Eltern sich »auf das Kind und die Stärkung seiner Entwicklungspotentiale fokussieren und den Beitrag des anderen Elternteils zu Entwicklung des Kindes mit Wertschätzung anerkennen« können (Cornelißen/Monz 2016, 37).

Wenn Ärger, Kränkung und Misstrauen die Beziehung der Eltern zueinander bestimmen, die Trennung des einstigen Liebespaares nicht von der Elternzusammenarbeit getrennt wahrgenommen werden kann, dann führt dies den Autorinnen zufolge eher zu starren, ohne Verhandlung und Reflexion entstehenden Formen der gemeinsamen Elternschaft. Oft schottet sich dann ein Elternteil ab, verweigert die Kommunikation, bis hin zur Kooperationsverweigerung als Rache für die empfundenen Verletzungen, oder dem Wunsch den*die Andere*n komplett aus dem eigenen Leben zu verbannen. Auch Schuldgefühle des*derjenigen, der*die sich vielleicht einseitig getrennt hat, können jedoch zu Schwierigkeiten führen, sich gleichberechtigt mit seinen*ihren Anliegen und Wahrnehmungen der eigenen und kindlichen Bedürfnisse in Aushandlungsprozesse einzubringen (Cornelißen/Monz 2016, 36).

Andere destruktive Verhaltensweisen sind, das Kind als Druckmittel einzusetzen, die Autorität des anderen Elternteils zu untergraben und die Kinder in Konflikte zwischen den Eltern hinein zu ziehen. Hilfreich ist es demgegenüber, wenn der andere Elternteil noch als Teil der Familie wahrgenommen werden kann, die Eltern sich als Team verstehen, ähnliche Vorstellungen von Erziehung und Alltag der Kinder haben und beide es schaffen, die Entwicklungsbedürfnisse der Kinder in den Mittelpunkt der Wahrnehmung und des Handelns zu stellen. Studien konnten zeigen, dass eine solche gute Kooperation der Eltern auch den Kontakt und die Kontakthäufigkeit zum getrennt lebenden Elternteil fördert und dem Kind natürlich bessere Entwicklungsbedingungen bietet als misslingende elterliche Kooperationen (Entleitner-Phelps/Langmeyer-Tornier 2015).

Versucht man eine Systematik verschiedener Formen elterlicher Zusammenarbeit nach Trennung zu erstellen, so kann dies entlang der Achsen von mehr oder weniger Kommunikation und mehr oder weniger Konflikten geschehen. So kann elterliche Zusammenarbeit von einer gelingenden Kooperation mit gutem Austausch und wenigen Konflikten über eine konflikthafte Kooperation mit weniger Absprachen und weniger wechselseitigem Wohlwollen, über eine Form der stark reduzierten Zusammenarbeit mit vielen, aber verdeckten Konflikten hin zu einer fast ohne Kommunikation gestalteten parallelen Elternschaft reichen (Langmeyer/Entleitner-Phelps 2018, 24 ff.).

Konflikte zwischen den Eltern müssen nicht per se schädlich für Kinder sein. Es sind die *destruktiven* Konfliktformen zwischen den sich trennenden Eltern, die die emotionale Unsicherheit von Kindern verstärken und zu vielfältigen kindlichen Schwierigkeiten, zu nega-

4.1 Die Zusammenarbeit der Eltern nach einer Trennung

tiven Gefühlen und Verhaltensweisen führen. Solche destruktiven Konflikte sind durch verbale und körperliche Aggressionen, Verweigerung, Rückzug und Feindseligkeit gekennzeichnet (Cummings/ Bergman 2019, 52). Demgegenüber können elterliche Konflikte, die durch wechselseitige Anerkennung und Zuneigung, eine Bereitschaft zur Problemlösung, zu Kompromissen und Humor gekennzeichnet sind, sogar positive Gefühlslagen bei Kindern auslösen und somit auch für die Kinder konstruktive Konflikte darstellen (ebd.). Die Autor*innen halten fest, dass weniger der Konflikt an sich, sondern dessen Lösung das Entscheidende ist – vollständige Lösungen von Konflikten tragen zu emotionaler Sicherheit bei. Auch wenn Paare in Trennungssituationen vermutlich eher eine Tendenz zu destruktiven Konfliktformen haben, können fachliche Interventionen vor, während und nach einer Trennung gerade hier ansetzen. Kinder können unter anderem davon profitieren, dass Eltern die notwendigen Auseinandersetzungen konstruktiver und mit einer gelingenderen Kommunikation führen. Dies kann trotz der Trennung der Eltern zu mehr emotionaler Sicherheit der Kinder (und einer Minderung von Ängsten) beitragen.

Wie ein Elternpaar nach einer Trennung kooperiert, ist auch Ausdruck deren Persönlichkeit und emotionalen Befindlichkeit. Studien, die die Frage des Kontaktes – Abbrüche und Häufigkeiten – zwischen Vätern und Kindern untersuchen, nennen aber noch weitere Faktoren, die zu bestimmten Kooperationsformen beitragen (Keil/Langmeyer 2020). Neben der Beziehung zwischen den Eltern nach der Trennung gibt es eine familiäre Geschichte, in der bereits bestimmte Praxen und Kooperationsweisen verankert waren. Man kann den Blick darauf richten, ob die Eltern verheiratet waren, welche Arbeitsteilung vor der Trennung bestand und ob eine*r die Hauptbezugsperson für die Kinder war. Auch nach der Trennung gibt es wichtige innerfamiliale Faktoren, die die Zusammenarbeit der Eltern beeinflussen. Hier sind auch Patchwork-Konstellationen, neue Partner*innen und Kinder von praktischer Bedeutung. Neben den in der familiären Geschichte und Praxis liegenden Aspekten gibt es auch eher strukturelle Faktoren, die sich, zumindest statistisch betrachtet, für die Formen der Kooperation als bedeutsam gezeigt haben: Ob der getrennt lebende Elternteil den Unterhalt zahlt, wie das Sorgerecht zwischen den Eltern ausgeübt wird, wieviel Zeit seit der Trennung vergangen ist, wie alt die Kinder sind und auch welchen Bildungsgrad und welche materiellen Ressourcen die Eltern haben (Keil/Langmeyer 2020, 42 ff.). Statistisch gesehen haben getrennte Väter mehr Kontakte zu ihren Kindern, wenn die Eltern höhere Bildungsabschlüsse und bessere materielle Ressourcen haben, wenn vor der Trennung ein gemeinsames Sorgerecht und eine eher gleichberechtigte Betreuungslösung bestanden, wenn die Trennung noch nicht so lange her ist und wenn die Kinder jünger sind. Dabei handelt es sich um statistisch errechnete Wahrscheinlichkeiten, nicht um zwangsläufig im Einzelfall auftretende Zusammenhänge. Auch nach einer Trennung muss so die Beziehung zwischen den Eltern und die jeweilige Beziehung zwischen Elternteilen und Kind(ern) in einem Dreieck gedacht werden – die Beziehungen beeinflussen sich wechselseitig. Wichtig ist auch der Hinweis auf das Alter der Kinder: Je jünger ein Kind ist, desto mehr Bedarf an Absprache und Zusammenarbeit gibt es auf der Elternebene, damit das Kind gute Entwicklungsbedingungen hat.

Bezüglich der Zusammenarbeit der Eltern ergeben sich zusammenfassend also folgende Aufgaben:

- Eltern müssen eine neue Wohn- und Lebensformen finden;
- sie müssen unter oftmals erschwerten Bedingungen die Kindererziehung, Betreuung und eine Erwerbstätigkeit zusammenbringen;
- sie müssen Umgangs- und Besuchsregeln finden, damit beide Elternteile die Beziehung zu ihren Kindern aufrecht erhalten können und hier besondere Energie einbringen, um trennungsbedingte Belastungen der Kinder aufzufangen;
- und nicht zuletzt müssen Eltern auch ihre eigenen Freundeskreise und Netzwerke neu gestalten (Jungbauer 2014, 121).

4.1 Die Zusammenarbeit der Eltern nach einer Trennung

Für eine gute Elternkooperation erscheinen zudem auch gute Konfliktlösefähigkeiten wichtig. Keil de Ballón (2018, 10) fasst wichtige Elemente dieser Fähigkeit zusammen:

»Dem Anderen zuhören; den eigenen Standpunkt vertreten ohne den Anderen anzugreifen; Verständnis für die andere Position entwickeln; Kompromisse zuzulassen, auch wenn sie eine Abweichung vom eigenen Standpunkt bedeuten; eigene Fehler eingestehen; sich entschuldigen für eigene Fehler; Fehler des Anderen verzeihen; Konflikte loslassen können«.

Solche Fähigkeiten sind Ausdruck der Art und Weise, mit Andern in Beziehung zu sein, und stammen aus Erfahrungen der eigenen Kindheit, vor allem in der Familie. Sie lassen sich aber auch erlernen und Eltern können von Beratung und Mediation (oder auch therapeutischer Begleitung) profitieren und bessere Umgangsweisen mit Konflikten finden.

Der Arbeitskreis für psychoanalytische Pädagogik in Wien formuliert in seinen Empfehlungen für Eltern das Folgende:

»Um eine Scheidung gut verarbeiten zu können, würden Kinder Eltern benötigen, die nach der Trennung so einfühlsam, geduldig, ausgeglichen, optimistisch und zuwendend sind, wie sie es im bisherigen Leben (die ersten Lebensmonate ausgenommen) nie sein mussten. Zur selben Zeit jedoch befinden sich die meisten Eltern in einer so schwierigen psychischen Situation, dass sie Kinder brauchen würden, die so ruhig, anspruchslos, loyal, seelisch gefestigt, vernünftig und selbstständig sind, wie sie bisher noch nie sein mussten« (APP Wien o.J.).

Die Koalition der Eltern, auch wenn sie möglicherweise schwer herzustellen oder aufrecht zu erhalten ist, könnte in diesem Zusammenhang eine zentrale stabilisierende und entlastende Funktion für alle Familienangehörigen haben. Eine gelingende Zusammenarbeit als Eltern kann auch für die Eltern Angst vor dem alleine Verantwortlichsein, vor Ohnmacht und Überforderung mindern.

§§ Kindesunterhalt

Kindesunterhalt wird dem *Kind* für dessen Lebensunterhalt und Bedarf gewährt. Er ist vom Unterhalt für den Lebensbedarf eines Ehegatten zu unterscheiden. Darüber hinaus wird zwischen *Naturalunterhalt* und *Barunterhalt* unterschieden. Naturalunterhalt ist der Unterhalt, der durch Versorgung im Haushalt gewährt wird. Demgegenüber wird als Barunterhalt der Unterhalt in Geld bezeichnet, den ein Elternteil zu leisten hat.

Die Frage, *ob* ein Anspruch auf Kindesunterhalt besteht, richtet sich nach §§ 1601 ff. BGB. Kindesunterhalt setzt rechtlich die Verwandtschaft in gerader Linie (Abstammung) voraus (§ 1601 BGB). Beim Kindesunterhalt werden geringere Anforderungen an den Nachweis der Bedürftigkeit gestellt: Kindesunterhalt erhalten minderjährige Kinder, die im Haushalt der Eltern oder eines Elternteils leben. Die Unterhaltspflicht geht aber über die Volljährigkeit hinaus. Den Minderjährigen gleichgestellt sind Kinder, die noch nicht das 21. Lebensjahr vollendet haben, unverheiratet im Haushalt der Eltern oder eines Elternteils leben und sich noch in der Schulausbildung befinden (Trenczek et al. 2018, 329). Im Übrigen müssen volljährige Kinder ihren Lebensunterhalt prinzipiell selbst bestreiten. Bedürftigkeit ist hier nur dann gegeben, wenn das Kind die berufliche Ausbildung (bzw. ein Studium) noch nicht abgeschlossen hat (Gürbüz 2018, 65, Abb. 5).

Die *Höhe* des Kindesunterhaltes in Form des Barunterhaltes wird mit Hilfe der Düsseldorfer Tabelle ermittelt, die jährlich angepasst wird. Danach sind für den Bedarf des Kindes und damit die Unterhaltshöhe, das Alter des Kindes und das Nettoeinkommen des (bar-)unterhaltspflichtigen Elternteils ausschlaggebend. Auf den so ermittelten Bedarf des Kindes wird die Hälfte des Kindergeldes bzw. bei Volljährigen das volle Kindergeld angerechnet. Daraus ergibt sich schließlich der Betrag, den die zum (Bar-)Unterhalt verpflichtete Person zahlen muss. Für Studierende legt die Düsseldorfer Tabelle einen Pauschalunterhaltsbedarf fest, von dem aber eine Abweichung nach oben möglich ist.

Auch für den Kindesunterhalt gilt, dass die zum Unterhalt verpflichtete Person finanziell in der Lage sein muss, Unterhalt ohne eigene Existenzgefährdung zu zahlen. Auch gegenüber Kindern besteht daher eine Netto-Gehaltsgrenze, die nicht unterschritten werden darf; diese ist bei erwachsenen Kindern höher als bei minderjährigen Kindern. Problematisch – aber keine Seltenheit – sind Konstellationen, in denen das für Unterhaltszahlungen zur Verfügung stehende Einkommen nicht für alle unterhaltsberechtigten Personen ausreicht und daher gerecht verteilt werden muss. Für diese »Mangelfälle« regelt das BGB in § 1609 die Rangfolge im Falle mehrerer unterhaltsberechtigter Personen. Zur konkreten Berechnung der gleichmäßigen Verteilung in Mangelfällen ist Unterstützung durch Expert*innen (Beratungsstellen, Anwält*innen) angebracht.

4.2 Familienmodelle nach Trennung

Bezüglich der Organisation der Betreuung der Kinder und der Formen, die Wohnorte nach Trennungen zu organisieren, werden idealtypische Modelle unterschieden, die im Folgenden dargestellt und diskutiert werden sollen. Welche Form des familiären Alltags nach der Trennung sich in einer Familie entwickelt, kann sich dabei verändern, oder über die Zeit stabil bleiben. In jedem Fall ist die Lebensform der Nach-Trennungs-Familie Ausdruck dessen, was strukturell, rechtlich und materiell (finanziell) für eine Familie möglich ist und zugleich auch ein Kompromiss, in den unterschiedliche Bedürfnisse, Gefühle, Wertvorstellungen und auch gesellschaftliche Normen Eingang finden. Eltern bestimmen die familiale Lebensform nach Trennung natürlich entscheidend mit. Dass sie sie wirklich frei »wählen« können, wie dies manchmal in der Literatur klingt, ist jedoch kaum der Fall.

Residenzmodell

Von einem *Residenzmodell* wird dann gesprochen, wenn die Kinder überwiegend bei einem Elternteil leben und hauptsächlich von diesem betreut werden. Das andere Elternteil lebt in einer räumlich getrennten Wohnung und nutzt mehr oder weniger regelmäßig sein sogenanntes Umgangsrecht, d.h., es unternimmt etwas mit den Kindern und/oder diese übernachten bei ihm. Bis heute ist dieses Modell am verbreitetsten (vgl. Exkurs »Daten und Fakten« weiter unten), wobei die Kinder meist bei der Mutter leben und der Vater mehr oder weniger regelmäßigen Kontakt zu den Kindern hat (oft jedes zweite Wochenende, Hälfte der Ferienzeiten). Innerhalb dieses Modells wird unterschieden, wie umfangreich der Kontakt zum anderen Elternteil ist. Dabei wird meist der Besuchskontakt in den Blick genommen und andere, z.B. telefonische und mediale Kontaktformen, nicht mitgerechnet, die dank sozialer Medien heutzutage jedoch auch relevant sind. Wie häufig der Kontakt zum getrennt lebenden Elternteil ist, unterscheidet sich stark. Dies reicht von einem häufigen Kontakt, bei dem Kinder regelmäßig unter der Woche auch Zeit mit dem getrennt lebenden Elternteil verbringen, über klarer begrenzte Formen, bis hin zu Residenzmodellen, in dem der Kontakt zum anderen Co-Elternteil im Alltag fast vollständig abgebrochen ist, und nur sehr selten, in Ausnahmesituationen, vorhanden ist. Das Residenzmodell geht bei einem häufigen Kontakt des Kindes zum zweiten Elternteil über in ein Residenzmodell mit erweitertem Kontakt oder in das Wechselmodell. Bei sehr seltenem Kontakt ergeben sich Übergänge hin zum Alleinerziehen.

Residenzmodelle stellen eine Fortsetzung eher traditioneller heterosexueller Familienmodelle nach Trennung und Scheidung dar: Der vollzeiterwerbstätige Vater kommt seiner Rolle als Familienernährer weiterhin vor allem durch Unterhaltszahlungen nach. Er spielt im Alltag der Kinder als Erziehungs- und Bezugsperson nur eine untergeordnete Rolle (»Wochenendpapa«), die er durch die Wahrnehmung seines Umgangsrechts mit den Kindern fortführen kann. Umgekehrt ist die Mutter in diesem Modell vorrangig verantwortlich für die Betreuung, Erziehung und Fürsorge und nur in dem Umfang erwerbstätig, wie sich dies damit verbinden lässt. Natürlich kann das Modell auch mit umgekehrten Geschlechterrollen gelebt werden, dies ist aber bisher selten. Vorteile des Residenzmodelles sind klarere Zuordnungen für die beteiligten Eltern und für die Kinder. Für die Kinder ist klar, wo ihr Zuhause vorwiegend ist und wer im Alltag hauptsächlich zuständig und ansprechbar ist. Auch für die Eltern ist die Verantwortung eindeutiger zugeschrieben: Das Elternteil, bei dem Kinder leben, übernimmt den Großteil der Fürsorge, Organisation und Verantwortung. Der andere Elternteil übernimmt mehr finanzielle Verantwortung, so er*sie dazu in der Lage (und willig) ist. Dies kann Konflikte und die Notwendigkeit, sich als Eltern abzusprechen, reduzieren. Dieses Modell ist lange etabliert und in seinen rechtlichen Folgen klar, auch wenn es gesellschaftlich in die Diskussion geraten ist. Dies liegt an einem bedeutenden Nachteil: der Abnahme des alltäglichen Kontaktes zum getrennt lebenden Elternteil. In dem Maße, wie Väter gesellschaftlich als gleichwertige fürsorgliche Bezugspersonen für ihre Kinder gedacht werden, in dem Maße wurden auch Modelle mit gleicher(er) Beteiligung beider Elternteile diskutiert, als Ideale angesehen und teilweise auch gelebt.

Wechselmodell

Vom Wechselmodell spricht man, wenn beide Eltern die Kinder zu annähernd gleichen Teilen betreuen, wobei nicht nur paritätische Betreuung (50:50), sondern je nach Forschungsansatz auch Betreuungsverhältnisse von 60:40 oder sogar noch 70:30 als Wechselmodell angesehen werden. Dieses Modell wird zwar viel diskutiert, aber in Deutschland noch vergleichsweise selten realisiert (vgl. Exkurs »Daten und Fakten« weiter unten). Zentral ist, dass beide Eltern hier (weiterhin) verantwortlich für alle wichtigen Entscheidungen bezüglich der Kinder seien sollen, obgleich sie in getrennten Wohnungen leben, und dass die Kinder bei beiden Eltern ein Zuhause haben (Sünderhauf 2020, 18). Eine enge Bindung und Beziehung zu beiden Elternteilen wird nach einer Trennung als möglich und im Sinne des Kindeswohls wünschenswert erachtet, diese sei aber auf gemeinsame Alltagserfahrungen für beide Elternteile angewiesen, damit beide wirklich als Erziehende auftreten können. Im Residenzmodell, in dem der Co-Elternteil vor allem lustvolle Freizeitaktivitäten mit den Kindern unternehme, aber wenig Alltag mit diesen teile, sei der Aufbau einer solchen Beziehung nur schwer möglich, so die Befürworter des Modells (Sünderhauf 2013, 235).

Räumlich brauchen Eltern für ein Wechselmodell zwei Wohnungen, die sich in der Nähe zueinander befinden und die gleichermaßen ein Zuhause für die Kinder darstellen. Das bedeutet, dass Eltern nach einer Trennung in derselben Stadt und möglichst im selben Stadtteil wohnen bleiben, damit die Kinder auch von beiden Wohnungen aus Kindergarten, Schule und ihre Freund*innen, Freizeitaktivitäten etc. erreichen können. Beide Wohnungen müssen über ausreichend Platz für ein Kinderzimmer verfügen und beide Eltern müssen in der Lage sein, ihre Arbeitszeiten so zu organisieren, dass sie alleine oder mit Unterstützung durch Dritte die Betreuung des Kindes je nach Alter des Kindes gewährleisten können. Kinder können dabei wöchentlich von einem Elternteil zum anderen wechseln, es sind aber auch kürzere Abstände möglich. Dies ist auch vom Alter der Kinder abhängig. Häufigere Wechsel bedeuten mehr Flexibilität, aber auch mehr Unruhe.

Exkurs: Das Wechselmodell bei Säuglingen und Kleinkindern
Wenn eine Trennung der Eltern erfolgt, solange die Kinder noch sehr jung sind, wird das Wechselmodell besonders kontrovers diskutiert und es bedarf einer besonderen Sensibilität für die Bedürfnisse des Kindes, um es angemessen zu gestalten. Dies liegt in bindungstheoretischen Überlegungen begründet: Einerseits kann der intensive Kontakt zum anderen Elternteil (meist dem Vater) gerade im frühen Kindesalter als eine wesentliche Voraussetzung für den Aufbau einer tragfähigen Beziehung gesehen werden.

Andererseits ist umstritten, inwieweit eine abwechselnde Betreuung von Säuglingen und Kleinkindern bei beiden Eltern den Bedürfnissen nach Konstanz, verlässlichen Beziehungen und emotionaler Sicherheit der Kinder entsprechen kann (Walper et al. 2021, 64).

Als Grundregel für Wechselmodelle bei sehr jungen Kindern kann gelten, dass der Wechselrhythmus sehr eng sein sollte, da jüngere Kinder den anderen Elternteil schneller und schwerwiegender vermissen als ältere, denn sie haben die Beziehung noch nicht fest verinnerlicht und sind vom realen Kontakt abhängig. So wird erst ab einem Jahr empfohlen, einen ganzen Tag abwechselnd bei den beiden Elternteilen zu verbringen und bis dahin auch von Übernachtungen beim anderen Elternteil abgeraten.

Allerdings sind solche Empfehlungen hochgradig von der bereits aufgebauten Bindung beider Elternteile zum Säugling oder Kleinkind abhängig. Insofern ist es wichtig, dass ein ehrlicher und offener Blick auf die Qualität der bisher aufgebauten Bindung zum Kind eingenommen wird. Sofern nicht beide Elternteile wirklich gleichermaßen wichtige Bindungspersonen sind, sollte der Betreuungsanteil und die jeweilige Dauer der Betreuungszeiten des Elternteils mit geringer ausgeprägter Bindung zunächst eher niedrig angesetzt werden und (wie bei einer Eingewöhnung im Kindergarten) nur langsam erhöht werden. Die Forschung zeigt, dass Übernachtungen »in Fällen, in denen der Konflikt zwischen den Eltern gering und die Kommunikation gut ist, für alle Beteiligten von Vorteil sein können. Es wäre also ratsam, es langsam anzugehen, dabei abzuwarten, wie die Dinge sich entwickeln, und nicht die Wünsche und Besitzgelüste der Eltern, sondern das Verhalten der Kinder als Lackmustest für den Erfolg heranzuziehen. Die vorhandene Forschung zeigt auch, dass Streit und dürftige Kommunikation die Mutter-Kind-Bindung gefährden, die von manchen Autoren für das Fundament der frühen emotionalen Entwicklung gehalten wird« (George 2019, 91). Eltern von kleinen Kindern sollten also weder ihre Bedürfnisse noch alltägliche Erfordernisse den Wechselrhythmus und Betreuungsumfang bestimmen lassen, sondern sich stark am Verhalten der Kinder und deren Bedürfnissen nach Kontakt orientieren.

Die Vorteile des Wechselmodells liegen auf der Hand – die Kinder können gleichermaßen Kontakt zu beiden Elternteilen haben und auch aus Sicht der Eltern können beide gleichermaßen Kontakt zu den Kindern haben und Verantwortung für deren Alltag und Erziehung übernehmen. Deutlich wurde, dass es ein Modell ist, das finanzieller Ressourcen und der Möglichkeit bedarf, dass Eltern ihr Leben entsprechend des Wechsels der Kinder organisieren können. Hinzu kommt ein erhöhter Bedarf an Abstimmung und Austausch der Eltern, damit die Kinder nicht in gespaltenen und unverbundenen Welten aufwachsen. Bei elterlichen Konflikten kann ein Wechselmodell nahelegen, stärkeren Koalitionsdruck auszuüben, d.h., dass ein oder beide Elternteile versuchen, das Kind zu Bündnissen gegen den anderen Elternteil zu drängen. Dies kann Walper (2020, 12) zufolge aus Sicht von Müttern, Lehrer*innen und den Kindern selbst zu hohen Belastungen von Kindern führen. Daher ist dieses Modell besser für Eltern mit einem geringeren Konfliktniveau geeignet, die bereit sind auch nach der Trennung mit dem*der Ehemaligen zu kooperieren und sich abzustimmen. Auch emotional sollten Eltern in diesem Modell die Fähigkeit haben, dem anderen Elternteil die gemeinsame Zeit mit den Kinder zu gewähren und im Sinne der im Kapitel 2 (▶ Kap. 2) vorgestellten Aspekte des partnerschaftlichen Handelns der Eltern die Beziehung der Kinder zum anderen Elternteil anerkennen, das andere Elternteil wertschätzen und die Kinder nicht in Bündnisse verstricken (Walper et al. 2021, 48).

Es zeigen sich in Wechselmodellen vielfach positive Auswirkungen auf die Entwicklung von Kindern, von denen aber für Forscher*innen nicht ganz klar ist, inwieweit sie durch das Betreuungsmodell selbst verursacht sind oder dadurch, dass dieses Modell oft von Eltern mit generell besseren familiären Ressourcen gewählt wird (Steinbach et al. 2021). Je nach Autor*in von Überblicksstudien werden dabei eher

4.2 Familienmodelle nach Trennung

die Chancen des Wechselmodells betont (Sünderhauf 2020, 2013) oder ein vorsichtigerer Blick eingenommen (Walper et al. 2021), der vor allem betont, dass dieses Modell nicht immer das Beste sein muss. Viele Studien zeigen positive Effekte auf das Wohlbefinden und das Selbstwertgefühl der Kinder sowie auf das Risikoverhalten von Jugendlichen. Meist zeigten sich zwar größere Belastungen als bei Kindern in Kernfamilien, aber tendenziell kleinere als bei Kindern in Residenzmodellen (Steinbach/Helms 2020, 6f.). Ebenso wird das Wechselmodell mit besseren Beziehungen zum Vater in Verbindung gebracht. Fragt man danach, welche Eltern unter welchen Umständen das Wechselmodell wählen, so kommen hier ganz ähnliche strukturelle Faktoren zu Geltung, die auch die Häufigkeit und das Vorhandensein von Umgangskontakten im Residenzmodell beeinflussen (Walper et al. 2021, 42ff.): Höhere Bildungsressourcen der Eltern, ein höheres Einkommen, eine geringere Distanz zwischen den Wohnorten und familienfreundliche Arbeitszeiten.

Familienmodelle nach einer Trennung sind wie bereits erwähnt auch durch Veränderungen oder Fortbestand der Geschlechterrollen in Familien geprägt und so unterscheiden sich auch die Perspektiven der Betroffenen auf das Wechselmodell deutlich. Anhand einer kleinen explorativen Studie (Weimann-Sandig 2021) lässt sich dies folgendermaßen zusammenfassen: Während Mütter sich häufiger kritisch gegenüber dem Wechselmodell zeigen, stärker seine Probleme hervorheben und auch ein größeres Unbehagen gegenüber ihrer Mutterrolle in diesem Modell erleben und gesellschaftlich gespiegelt bekommen, so sind Väter oftmals an der Ausweitung dieses Modells interessiert und an Tipps zu einer besseren praktischen Gestaltung. Sie erleben das Wechselmodell häufiger als stimmig mit ihren Vorstellungen von Vaterschaft und ernten auch gesellschaftlich viel mehr Anerkennung hierfür. Zwei Zitate aus den Interviews dieser Studie illustrieren dies. So berichten ein Vater und eine Mutter von sehr unterschiedlichen Bewertungen des Wechselmodells durch Freunde und Herkunftsfamilie:

4 ... und das gemeinsame Elternsein weitergeht

»Während mir meine Familie auf die Schulter klopfte und sagte, das machst du richtig, es ist wichtig, dass du bei deinen Kindern bist, oder meine Freunde mich regelrecht bewundern dafür, dass ich so viel Zeit mit meinen Kindern verbringe und sie überall miteinbeziehe, war das bei meiner Exfrau ganz anders (er seufzt). Da sagten ihre Eltern tatsächlich, wie sie dazu komme, ihre Kinder zu verlassen und was für eine Rabenmutter sie eigentlich sei« (Weimann-Sandig 2021, 13).

Ähnlich berichtet eine Mutter der Studie zufolge auch von einem regelrechten Mütter-Bashing:

»Ich werde tatsächlich auch gerade von befreundeten, alleinerziehenden Müttern dafür kritisiert, dass ich ja die Bürde des Mutterseins gar nicht richtig tragen würde, sondern meine Kinder ja immer wieder abgebe zum Vater. Ich bin in ihren Augen eine Teilzeitmutter, die sich schöne Tage macht, wenn die Kinder nicht da sind, und das ist natürlich nichts im Vergleich zur Last, [die] diese Alleinerziehenden tragen« (ebd.).

Während also für Väter im Wechselmodell gegenwärtig »viel zu gewinnen« ist, müssen Mütter, die ein Wechselmodell leben, offenbar eher mit skeptischen Blicken und Infragestellung ihrer Mutterrolle rechnen. Entsprechend sind Väter in etwa 70 % der Fälle auch die hauptsächlichen Initiatoren des Wechselmodells, während nur in 30 % der Fälle beide Eltern dieses Modell anstrebten. Väter schätzten auch die Zufriedenheit ihrer Kinder weitaus höher ein als Mütter (ebd., 12).

Mit Blick auf die Kinder ist das Modell zugleich anspruchsvoll, denn für sie bedeutet es, regelmäßig zwischen zwei Wohnorten und Lebensweisen zu pendeln, mit allem was dazu gehört (Abschiede, Vermissen, Umstellung, Transport und Organisation). Kinder nehmen dies in Kauf, wenn es ihnen wichtig ist, mit beiden Eltern in Kontakt zu sein, und wenn sie sich an beiden Orten zu Hause fühlen. Weiterhin wünschen Kinder sich oft Flexibilität in den Betreuungssettings und ein zumindest teilweises Eingehen auf ihre Wünsche bezüglich der Betreuungszeiten und des Wechselrhythmus (Weimann-Sandig 2021, 18). Mit Blick auf die Merkmale von Kindern zeigt sich, dass Wechselmodelle in der Praxis häufiger mit Kindern zwischen 3 und 11 Jahren realisiert werden. Für ältere Kinder wird der Kontakt zu Peers immer relevanter und ihre Bereitschaft zum regelmäßigen Wohnortwechsel sinkt, meist auch nach der Erfahrung langjährigen Wechselns. Bei Kindern unter drei Jahren sind die Aufgaben oft bereits vor der Trennung weniger gleichmäßig unter den Eltern verteilt, und es gibt ein stärkeres Bedürfnis nach Kontinuität in dieser Betreuungssituation (Walper et al. 2021, 46), wie auch einen Schutz des Kindes vor dem häufigen Wechseln. Vor allem Schulkinder können jedoch vom Wechselmodell profitieren.

Alleinerziehend

Während Wechselmodelle auf eine stärkere Beteiligung beider Eltern setzen, sind Modelle des Alleinerziehens nach einer Trennung meist Ergebnis eines Nicht-Kooperierens der Eltern. Dies kann am Rückzug eines Elternteiles liegen, an Kontaktabbrüchen (▶ Kap. 6), bereits vorher mangelnder Beziehung etc. Situationen des Alleinerziehens entstehen oft ungewollt und werden seltener als Wunsch angestrebt. Die (innerliche) Entscheidung, alleine für das Kind und sein Aufwachsen verantwortlich zu sein, kann jedoch große Klarheit schaffen und als Befreiung erlebt werden. Die Vorteile liegen darin, dass ein Elternteil ohne Kooperationsnotwendigkeit das Kind großziehen kann und die Lebenssituation nicht durch elterliche Konflikte belastet wird. Für das Kind bedeutet dies jedoch den Verlust eines Elternteiles, was dessen Entwicklung beeinträchtigen kann. Für das erziehende Elternteil ist diese Situation alleiniger Verantwortung zudem eine große Herausforderung und gelingt am besten, wenn stabile Netzwerke von Unterstützer*innen das Fehlen des zweiten Elternteiles auffangen können. Diese Familienform birgt das größte Risiko für Armut und schwierige Lebensbedingungen, vor allem wenn kein Unterhalt gezahlt wird. Dies liegt insbesondere an der Situation, mit den Kindern alleine zu sein – es kommt kein zweites Elternteil, das ablöst, unterstützt, die Dinge mit im Blick hat, ein zweites Einkommen beisteuert und dem die Kinder gleichermaßen ein Anliegen sind. Dies bedeutet auch, dass ein Ausfallen des erziehenden Elternteiles (z. B. durch Krankheit) für die Kinder schwerwiegendere Folgen hat.

Exkurs: Daten und Fakten zum Familienleben nach Trennung
Für Deutschland liegen vergleichsweise wenige Daten zur Betreuung von Kindern nach Trennungen vor. Die Vorliegenden zeigen, dass Formen gemeinsamer oder recht gleichberechtigt geteilter Elternschaft noch selten sind – sowohl bezogen auf die Anteile an allen »Trennungsfamilien« in Deutschland als auch im internationalen Vergleich. Walper (2018) kommt zum Beispiel auf der Basis von Daten aus den Jahren 2014/15 zu dem Ergebnis, dass 84 % der Familien nach Trennung und Scheidung Mütter-Residenzmodelle leben und 7 % Vater-Residenzmodelle. Nur 9 % leben Wechselmodelle, darunter 4 % symmetrischere Formen (bis 60:40) und 5 % asymmetrische (bis 70:30). Differenziert man die Mütter-Residenzmodelle noch mal nach Kontakt zu den Vätern, so lässt sich festhalten, dass 23 % der Familien nach Trennungen in dem Sinne alleinerziehende Mütterfamilien sind, dass kein Kontakt mehr zum Vater besteht. 61 % der Trennungsfamilien sind Mütter-Residenzfamilien, bei denen Kontakt zum Vater besteht, darunter in 36 % allerdings nur selten (weniger als einmal die Woche) und in 25 % häufiger (mindestens einmal die Woche). Eine Ländervergleichsstudie kommt auf der Basis von Daten aus 2010/11 zu ähnlichen Ergebnissen, denen zufolge in Deutschland etwa 9,8 % der Trennungsfamilien Formen geteilter Elternschaft ausüben, während es in Schweden 36 % und in den Niederlanden etwa 17,6 % waren (Walper et al. 2021, 34). Als Gründe für diese Unterschiede werden vor allem rechtliche Regelungen vermutet, die Wechselmodelle in einigen Ländern zum Standard machen, aber auch eine bereits vor der Trennung stärker ausgeprägte Geschlechtergleichheit mit Blick auf die Versorgung der Kinder und die Beteiligung an Erwerbsarbeit.

Allerdings rechnen sich mit bis zu 22% subjektiv mehr Eltern dem Wechselmodell zu bzw. geben an, dass sie die Kinder gleichermaßen betreuen, als sich auf der Basis von Fragen nach den Übernachtungen von Kindern in einem Haushalt ergeben (IfD Allensbach 2017; Weimann-Sandig 2021). Man kann also festhalten, dass die Popularität gleichberechtigt geteilter Elternschaft nach einer Trennung in Deutschland (bisher) vorwiegend eine Beliebtheit auf der Ebene von Deutungsmustern, Idealen und Absichten ist und weniger eine breit vorkommende Praxis. Dies schließt an langjährige Forschungen zur Arbeitsteilung in Paarfamilien an, die ähnliche Ergebnisse zeigen, was in der Soziologie leicht ironisch als »verbale Aufgeschlossenheit bei weitgehender Verhaltensstarre« benannt wird. Bei der Arbeitsteilung von getrennten Familien gilt dasselbe wie für alle Familien: Nicht nur die Absichten und Einstellungen entscheiden über die gelebte Praxis, dies ist auch von den faktischen Möglichkeiten abhängig, ebenso wie von gesellschaftlich vorgegebenen Modellen, emotionalen Bedürfnissen und unbewussten Beziehungsdynamiken (Kerschgens 2009).

Nestmodell

Das Nestmodell kann als eine besondere Form des Wechselns angesehen werden: Hier leben die Kinder in einer Wohnung und die Eltern pendeln abwechselnd in diese Wohnung, um die Kinder zu betreuen. Beide haben zudem noch jede*r für sich eine andere Wohnung oder nutzen eine andere Wohnung gemeinsam im Wechsel. Das Nestmodell wird häufig von Familien gewählt, bei denen ein Elternteil ohnehin beruflich häufig abwesend ist und die Familie Wechsel in der Betreuung der Kinder auch vorher gelebt hat. Die großen Vorteile des Nestmodells liegen darin, dass die Kinder Kontakt zu beiden Elternteilen haben, zudem in ihrer gewohnten Umgebung bleiben können und sich für sie so wenig wie möglich ändert. Nachteile des Nestmodells liegen darin, dass die Veränderung durch die Trennung der

4 ... und das gemeinsame Elternsein weitergeht

Eltern nicht so sichtbar wird und Kinder möglicherweise über die Situation der Familie im Unklaren sind. Dies kann Trauer- und Verarbeitungsprozesse erschweren. Zudem brauchen Eltern gute finanzielle Ressourcen, wenn beide zusätzliche Wohnungen haben. Auch liegt die Last des regelmäßigen Wechsels hier bei den Eltern. Schließlich wird das Nestmodell bei starken Konflikten der Eltern untragbar, denn sie müssen denselben Raum teilen (verbunden mit Ordnungs- und Haushaltsfragen), wenn auch zeitlich versetzt. Die Eltern brauchen hier große Klarheit um die Trennung innerlich zu bearbeiten, obwohl sie immer noch das Familienzuhause gemeinsam nutzen. Dies wird weiterhin erschwert, wenn neue Partner*innen hinzukommen oder Patchworksituationen mit weiteren Kindern entstehen. Daher leben viele getrennte Familien das Nestmodell in Zeiten des Übergangs und nur für eine bestimmte Zeit.

Familien-WG

Eine weitere Variante ist die Familien-WG, in der alle gemeinsam in einem Haushalt leben, der aber für beide Eltern (wie in einer Wohngemeinschaft) relativ abgetrennte Räume zur Verfügung stellt, in die sich diese zurückziehen können. Dieses Modell bietet ähnliche Vorteile, wie das Nestmodell, erfordert aber von den getrennten Eltern noch mehr Kooperations- und Abgrenzungsfähigkeit. Auch hier wird es kompliziert, wenn neue Partner*innen oder weitere Kinder mit an Bord kommen. Die Familien-WG benötigt auch räumliche Voraussetzungen, die dies möglich machen. Sie ist ebenfalls für viele Familien eher ein Modell des Übergangs. Deutlich langfristiger möglich ist das Wohnen in getrennten Wohnungen in einem Mehrfamilienhaus – dies hat die Vorteile der Familien-WG, jedoch mehr Abgrenzung, Freiräume und weniger Konfliktstoff für die Erwachsenen.

4.2 Familienmodelle nach Trennung

Free Access Modell

Schließlich wird gelegentlich noch das Free Access Modell genannt, bei dem Kinder selbständig und relativ spontan wählen, bei welchem Elternteil sie sich aufhalten wollen, ohne dass dies festen Mustern folgen muss. Dieses Modell kann sich bei älteren Kindern und Jugendlichen aus allen bisher genannten Modellen heraus entwickeln. Je eigenständiger die Kinder werden, desto eher können und wollen sie selbst über das Familienmodell mitbestimmen. Sie brauchen zudem deutlich weniger Aufsicht und Betreuung und orientieren sich zunehmend aus der Familie heraus. Free Access gibt den Kindern viele Möglichkeiten der Mitbestimmung, aber auch viel Verantwortung. Bei Eltern-Kind-Konflikten können hier Ausweichbewegungen oder ein Gegeneinander-Ausspielen der Eltern durch gezielte Wohnungswechsel der Kinder problematisch werden. Auch hier braucht es gute Kooperationen der Eltern, um dies aufzufangen.

Mit dem Erwachsenwerden der Kinder einer Familie enden alle genannten Modelle nach und nach, bzw. lösen sich zunehmend auf.

> **§§ Die Familienmodelle aus rechtlicher Sicht**
> Die gesetzlichen Regelungen zu Sorge- und Umgangsrecht im BGB entsprechen derzeit (noch) nicht der Vielzahl der gelebten Betreuungsmodelle und müssen dieser Vielfalt künftig mehr Rechnung tragen (Deutscher Juristentag 2018). Angesichts der Vielzahl der möglichen Konstellationen können nachfolgend nur einige Grundsätze für das Residenz-, Wechsel- und Nestmodell aufgezeigt werden.
>
> Vom Vorliegen eines Residenzmodells wird rechtlich ausgegangen, wenn das Kind getrennter bzw. geschiedener Eltern seinen »Lebensmittelpunkt« hauptsächlich bei einem Elternteil hat, d.h., sich dort aufhält und von diesem Elternteil überwiegend betreut wird (Trenczek 2018, 340). Auch wenn weiterhin gemeinsames Sorgerecht besteht, gilt im Residenzmodell, dass Entschei-

dungen des alltäglichen Lebens von dem Elternteil allein und ohne Rücksprache getroffen werden können, bei dem das Kind seinen gewöhnlichen Aufenthalt hat. Nur bei wichtigen Entscheidungen ist gegenseitiges Einvernehmen erforderlich (§ 1687 BGB). Ein echtes *Wechselmodell* als eine Konstellation, bei der die Kinder zwischen den Wohnorten der Eltern »pendeln«, wird nach der Rechtsprechung des Bundesgerichtshofs dann angenommen, wenn Versorgung und Erziehung etwa aber nicht zwangsläufig ganz genau hälftig unter den Eltern aufgeteilt werden (BGH 2014). Es kommt nur dann in Betracht, wenn weitgehend konfliktfreier Austausch und Kommunikation zwischen den Eltern möglich ist (Gürbüz 2018, 101), kann aber nach neuerer Rechtsprechung des Bundesgerichtshof auch gegen den Willen der Eltern gerichtlich angeordnet werden, wenn die geteilte Versorgung und Erziehung unter Kindeswohlgesichtspunkten sinnvoll bzw. geboten ist (BGH 2017b). Das Nestmodell kann als Variante des Wechselmodells betrachtet werden, da auch hier letztlich geteilte Betreuung durch beide Elternteile gegeben ist.

Wie wirken sich die Betreuungsmodelle auf den Kindesunterhalt aus?
Die Wahl des Betreuungsmodells hat Auswirkungen auf den Kindesunterhalt (▶ Kap. 4). Denn: Im Residenzmodell leistet der Elternteil, bei dem sich das Kind hauptsächlich aufhält, im Wesentlichen den Naturalunterhalt und der andere Elternteil ist zum Barunterhalt nach Maßgabe der Düsseldorfer Tabelle verpflichtet. Im Wechselmodell (und damit wohl letztlich auch im Nestmodell) sind nach neuerer Rechtsprechung des Bundesgerichtshofs beide Elternteile für den Barunterhalt des Kindes verantwortlich, die Tatsache, dass im Wechselmodell von beiden Elternteilen (auch) Naturalunterhalt, d.h. Betreuung, geleistet wird, schließt den Barunterhalt nicht aus. Die Höhe des Unterhalts orientiert sich an den Einkommen der Eltern und berücksichtigt auch etwaige Mehrkosten, durch das Wechselmodell z.B. durch Fahrtkosten, erhöhte Kosten für Wohnraum oder die Doppelanschaffung persönlicher Gegenstände. Die Geltendmachung von Barunterhalt vor

allem gegen den besser verdienenden Elternteil ist daher möglich, der geleistete Naturalunterhalt ist aber zu berücksichtigen (BGH 2017a). Die Berechnung hängt von den Umständen des Einzelfalles ab und hier ist die Einholung rechtlichen Rates dringend zu empfehlen.

Generell gilt, dass das Recht auslegungsbedürftig ist. Daher gibt es bei Rechtssachen Unwägbarkeiten, Implementierungsdefizite und regionale Unterschiede in der Auslegung durch Richter*innen und Rechtsanwält*innen.

4.3 Freiheit der Eltern bei der Suche nach einem passenden Modell – und ungewollte Grenzen

Solange nicht das Wohl eines Kindes gefährdet ist, oder aufgrund einer nicht erfolgenden Einigung der Eltern der Klageweg beschritten wird, gibt es niemanden, der Eltern vorschreiben kann oder sollte, wie sie mit ihrer Trennungssituation umgehen. Eine starre und feste Entscheidung über ihr Familienleben muss ein Familiengericht nur treffen, wenn Eltern nicht in der Lage sind, sich anders zu einigen – und es ist klar, dass dies Eltern im Sinne ihres Wohlergehens und dem ihrer Kinder in den meisten Fällen eher vermeiden sollten. Sie sollten versuchen, ein Modell zu finden, das gut genug zu den Bedürfnissen aller Familienmitglieder passt. Zudem ist es auch möglich, bestimmte Familienmodelle erst einmal »auf Probe« zu leben und diese nach einer Weile noch mal an die Erfahrungen, Wünsche und Möglichkeiten der Familienmitglieder anzupassen.

In Beratungen und Mediationen kann Eltern geholfen werden, eigene Wege und Möglichkeiten zu finden und zu gestalten. Denn, das zeigt die bisherige Forschung, für Kinder ist es das Wichtigste

4 ... und das gemeinsame Elternsein weitergeht

(mindestens) eine stabile Bindung zu eine*r fürsorglichen und zugewandten Erwachsenen zu haben, der*die sie in der Entwicklung fördert. Dies übernehmen bestenfalls beide Eltern in einem wohlwollend-kooperativen Miteinander, aber auch andere Lösungen können zu genügd guten Lebensbedingungen für Kinder und Erwachsene führen. Studien zeigen auch die Bedeutung von sogenannten »Moderatoren«, das sind vermittelnde Einflussfaktoren. So hat die *Qualität der Eltern-Kind-Beziehung* entscheidenden Einfluss auf die Entwicklung und das Wohlergehen der Kinder. Modelle geteilter Betreuung und ein häufiger Umgang mit dem Vater tragen zu guten Vater-Kind-Beziehungen bei und zugleich werden die Mutter-Kind-Beziehungen durch das Wechselmodell nicht beeinträchtigt. Ähnlich wird die *Qualität des elterlichen Erziehungsverhaltens* als wichtiger Moderator in einigen Studien angesehen. Demnach profitieren Kinder erst dann von einem stärkeren Kontakt zum Co-Elternteil oder von geteilter Betreuung, wenn der Co-Elternteil ein entwicklungsförderliches Erziehungsverhalten zeigt. Dies hängt damit zusammen, dass Kinder mehr von einem Wechselmodell profitieren, wenn deren Co-Elternteile bereits vor der Trennung stark in die Betreuung der Kinder involviert waren und sich dadurch bereits mehr Erziehungskompetenzen angeeignet haben (Walper et al. 2021, 66 f.). Schließlich gilt generell, dass Kinder in allen Betreuungsmodellen unter Konflikten und Feindseligkeiten zwischen ihren Eltern leiden.

Schlussendlich lässt sich aus diesen Forschungen das Fazit ziehen, dass sowohl mit als auch ohne Trennung gute Beziehungen zu beiden Elternteilen für Kinder förderlich erscheinen, ebenso wie ein förderliches Erziehungsverhalten, ein niedriges Konfliktniveau und konstruktive Konfliktlösungen, die die Kinder nicht mit hineinziehen. Vieles spricht dafür, ein Familienmodell zu wählen, das nicht allzu stark mit den Betreuungsengagements der Partner*innen vor der Trennung bricht. Dabei sollte allerdings in Betracht gezogen werden, dass oft beide Partner*innen dazu neigen, das eigene Engagement stärker darzustellen und zu sehen als das des*der Partner*in, gerade in Trennungssituationen. Eltern haben Wahl- und Gestaltungsmöglichkeiten, auch wenn diese begrenzt sind und manches nicht

4.3 Freiheit der Eltern bei der Suche nach einem passenden Modell

machbar ist. Auch hier können Beratungen und Mediationen jedoch manchmal ungeahnte Wege öffnen – oder zumindest dazu beitragen, dass man sich besser mit dem Erreichbaren arrangieren und das Unmögliche loslassen kann.

> **§§ Elterliche Sorge und Umgangsrecht**
> Im Falle der Trennung und Scheidung eines Paares stellt sich die Frage, wie mit der Sorge für die gemeinsamen Kinder weiter umzugehen ist und wie der Umgang geregelt wird.
> *Elterliche Sorge – Recht und Pflicht zugleich*
> Das Recht zur Pflege und Erziehung der Kinder folgt unmittelbar aus der Verfassung. Artikel 6 des Grundgesetzes (GG) legt als »Elterngrundrecht« das Recht und die Pflicht der Eltern auf Pflege und Erziehung der Kinder fest (Trenczek et al. 2018, 333). Konkretere Vorschriften enthält das Bürgerliche Gesetzbuch (BGB) mit den Regelungen zur elterlichen Sorge in §§ 1626 ff. Die *elterliche Sorge*, auch als Sorgerecht oder Sorgeberechtigung bezeichnet, umfasst die Sorge für die Person selbst (Pflege, Erziehung, Aufsicht und Aufenthaltsbestimmung), die Sorge für das Vermögen und schließt als Drittes die gesetzliche Vertretung mit ein (§ 1629 BGB). Die gesetzliche Vertretung von Kindern durch ihre Eltern ist notwendig, weil Kinder je nach Alter nicht oder nur eingeschränkt im rechtlichen Sinne handeln und entscheiden können, so z. B. in Bezug auf Gesundheit, behördliche Anträge oder Verträge.
> Gesetzliche Grundkonstellation des Sorgerechts ist die *gemeinsame elterliche Sorge* (§ 1626 BGB). Dies gilt auch in dem häufigen Fall, dass Eltern nicht miteinander verheiratet sind, aber eine entsprechende Sorgeerklärung abgegeben haben (§ 1626a BGB). Leben Eltern dauerhaft getrennt, ändert dies zunächst nichts an ihrem Sorgerecht für die gemeinsamen Kinder. Sowohl aus der Verfassung als auch aus dem pädagogischen Grundgedanken der elterlichen Sorge im BGB folgt, dass Trennung und Scheidung der Eltern zunächst die gemeinsame elterliche Verantwortung unbe-

rührt lassen; dies vor allem vor dem Hintergrund, dass ein durch Trennung oder Scheidung verursachtes Ungleichgewicht oder gar Abbruch des Eltern-Kind-Kontaktes in aller Regel geeignet ist, das Kindeswohl zu gefährden (Trenczek et al. 2018, 340). Das BGB erwartet schlicht – und unabhängig vom Beziehungsstatus – von den sorgeberechtigten Eltern, dass sie elterliche Sorge einvernehmlich ausüben und sich einigen. Alltägliche Entscheidung trifft dabei der Elternteil, bei dem das Kind sich gewöhnlich aufhält (§§ 1627, 1687 BGB). In der Praxis erzeugt die gemeinsame elterliche Sorge nach Ende der Paarbeziehung nicht selten Spannungen aufgrund des nun unter Umständen sogar erhöhten Abstimmungsbedarfs. § 1671 BGB ermöglicht daher bei Getrenntleben die dauerhafte Übertragung des vollständigen oder teilweisen Sorgerechts auf einen Elternteil durch gerichtliche Entscheidung. Dies setzt voraus, dass a) ein Elternteil dies beantragt, b) der andere Teil zustimmt (es sei denn, das Kind hat das 14. Lebensjahr vollendet und widerspricht der Übertragung), und c) die Aufhebung der elterlichen Sorge dem Kindeswohl am meisten entspricht. Auch möglich ist die gerichtliche Übertragung einer Einzelentscheidung auf einen Elternteil, wenn die Entscheidung für das Kind wichtig ist, etwa bei gravierenden medizinischen Eingriffen, Wahl der Schule, Impfungen (Gürbüz 2018, 91 f.). Oberste Prämisse der elterlichen Erziehung und auch Maßstab für gerichtliche Entscheidungen ist stets das Kindeswohl (Gürbüz 2018, 88, 92). Ein gerichtliches Verfahren über das Sorgerecht kann für sich allein oder in Verbindung mit der Scheidung durchgeführt werden (Gürbüz 2018, 87). Zuständig bei einer Verbindung mit dem Scheidungsverfahren ist das örtliche Familiengericht, bei dem die Scheidung auch verhandelt wird; ansonsten kommt es auf den gewöhnlichen Aufenthalt des Kindes an (§ 152 FamFG).

Das Recht, Zeit miteinander zu verbringen
Unabhängig von elterlicher Sorge besteht das *Umgangsrecht*. Das Recht auf Umgang gehört zum verfassungsrechtlich geschützten Elternrecht und ist außerdem in der UN-Kinderrechtskonvention

festgelegt; es gebietet die Vermeidung der Trennung von Eltern und Kind und die Aufrechterhaltung eines regelmäßigen Kontakts und der persönlichen Beziehung zu beiden Elternteilen, soweit dies dem Kindeswohl entspricht (Balloff 2018, 196). Das Recht auf Umgang regelt § 1684 BGB. Die Vorschrift legt ein Recht des Kindes auf Umgang mit jedem Elternteil und umgekehrt das Recht und auch die Pflicht zum Umgang eines jeden Elternteils mit dem Kind fest. Das Recht des Kindes auf Umgang mit beiden Elternteilen kann vom Kind geltend gemacht werden, eine zwangsweise Durchsetzung der Umgangspflicht eines sich verweigernden Elternteils kommt allerdings in der Regel nicht in Betracht, es sei denn, es ist der Umgang aus Gründen des Kindeswohls angezeigt (BGH 2008). § 1684 BGB erwartet dabei ausdrücklich von den Eltern, dass sie wechselseitig das Verhältnis des Kindes zum anderen Elternteil nicht beeinträchtigen. Sind die Eltern sich über den Umgang mit dem Kind einig, besteht kein Bedarf für eine gerichtliche Regelung. Der Umfang des Umgangsrechts kann gerichtlich geregelt werden. Ein Ausschluss des Umgangsrechts ist durch gerichtliche Entscheidung möglich, sofern der Umgang nicht dem Wohl des Kindes entspricht.

4.4 Multilokales Familienleben – Praxistipps zur Gestaltung

Abschließend noch einige Anregungen zum Gelingen eines Familienlebens mit geteilter Elternschaft, die teilweise Sünderhauf (2020) entlehnt sind:

Wechselrhythmus: Wie bereits erwähnt, wird bei jüngeren Kindern meist zu häufigen Wechseln geraten, die einige Stunden am Tag bis zu einen Tag mit Übernachtung umfassen können. Dadurch kommen allerdings extrem häufige Wechsel zustande, so dass bei Kindern, die vom Wechseln belastet sind, auch Alternativen in den Blick genommen werden sollten. Im Kindergartenalter werden zwei bis hin zu vier Tagen am Stück empfohlen, ab dem Grundschulalter auch ganze Wochen. Elterliche Arbeitszeiten spielen dabei eine Rolle, sodass häufigere Wechsel nötig sein können. Klarheit und Vorhersehbarkeit der Wechsel sind förderlich für Kinder, wie eine Flexibilität, die sich an den Kinderwünschen orientiert.

Mitsprache und Beteiligung heißt (gerade bei jüngeren Kindern) nicht, dass die Kinder bestimmen sollen, wo sie wann sein wollen. Dies wäre überfordernd und kann Kinder in starke Loyalitätskonflikte bringen. Ihnen Gehör zu schenken, wenn sie etwa einen anderen Wechselrhythmus besser fänden, gerne einen bestimmten Tag mit einer bestimmten Aktivität mal wieder oder häufiger mit dem anderen Elternteil verbringen wollen (Kann Mama oder Papa mal wieder mit mir zum Sport kommen, er*sie war so lange nicht mehr mit?), und diese Wünsche ernsthaft zu prüfen, ist jedoch wichtig für die Zufriedenheit der Kinder mit dem Lebensmodell. Wie immer sollte dabei der Mitbestimmungsspielraum mit wachsendem Alter zunehmen.

Der Wechsel der Kinder von einem Elternteil zum anderen kann sehr verschieden organisiert werden. Es handelt sich um sensible Zeitpunkte für Kinder, die sich von einem Elternteil verabschieden müssen, und um potentiell konfliktreiche Situationen für Eltern, da sie auf den*die ehemalige Partner*in und eventuelle neue Partner*innen treffen. Ein Bringen der Kinder drückt eher ein Einverständnis zum Betreuungswechsel aus und kann den Kindern Verabschiedung und Wechsel erleichtern, während beim Abholen die Verabschiedung schwieriger werden kann. Die Begegnung mit dem anderen Elternteil kann für einen kurzen Informationstausch genutzt werden. Wenn die Kinder, ihre Bedürfnisse oder möglichen Schwierigkeiten thematisch sind, oder es beim Informationstausch zu Spannungen oder Streit zwischen den Eltern zu kommen droht, sollten allerdings gesonderte Gespräche vereinbart werden. Es gibt auch Möglichkeiten, die Übergaben an einem dritten Ort oder sogar ohne Begegnung der Eltern zu organisieren, wie etwa über Schulen

4.4 Multilokales Familienleben – Praxistipps zur Gestaltung

oder Kindergärten, zu denen die Kinder morgens von einem Elternteil gebracht und dann vom anderen abgeholt werden. Für Kinder bedeutet eine kurze und konfliktfreie Begegnung der Eltern jedoch das, was auch in Bezug auf die Elternebene am wichtigsten ist: Die Eltern akzeptieren die Beziehung, die das Kind zum jeweils anderen hat, und können das andere Elternteil grundsätzlich anerkennen, was Loyalitätskonflikten vorbeugt. Dies signalisiert den Kindern auch, dass trotz der großen Umbrüche im Familienleben eine »akzeptable« oder sogar gute Form des Weiterlebens gefunden wurde, sie also in einer Familienform aufwachsen, die »in Ordnung« ist, beides trägt zu emotionaler Sicherheit des Kindes bei.

Kooperation und Informationsfluss sind in Trennungen natürlich zugleich wichtiger denn je und schwieriger. Es gibt inzwischen vielfältige elektronische Möglichkeiten, sich auszutauschen und das Familienleben zu koordinieren (soziale Medien, Kurznachrichten, geteilte elektronische Kalender). Ebenso können aber auch Mitteilungshefte oder echte Kalender genutzt werden, die zum Beispiel mit den Kindern die Wohnorte wechseln und in denen wichtige Informationen festgehalten werden. Telefonieren kann ebenso hilfreich sein, aber auch konflikthafter und missverständlicher als schriftliche Kommunikation. Die beim Schreiben notwendige Klarheit und Verbindlichkeit kann hilfreich sein, aber auch als Misstrauensbeweis von dem*der ehemaligen Partner*in verstanden werden.

Es ist wichtig, unter angemessener Beteiligung und Information der Kinder klare *Vereinbarungen* über das Familienleben nach einer Trennung zu treffen. Es kann sinnvoll sein, sich bei schwierigen oder umstrittenen Regelungspunkten zunächst auf eine Probephase zu einigen und die Überprüfung der Regelung zu verabreden. Schriftliche Vereinbarungen können ständige Diskussionen vermeiden, eine Vorlage dafür findet sich bei Sünderhauf (2020).

Wichtige Dinge der Kinder müssen immer wieder die Wohnorte wechseln. Es kann hilfreich sein, dass manches bei beiden Eltern verfügbar ist. »Ausstattungswettbewerbe« zwischen den Elternteilen sollte man jedoch vermeiden.

4.5 Fortsetzung folgt – Patchworkfamilien

Familien, in denen Erwachsene mit leiblichen Kindern und neu hinzugekommenen Partner*innen zusammenlebten und ggf. auch weitere gemeinsame Kinder hinzukamen, hat es schon immer gegeben. Zu früheren Zeiten ergaben sich diese Konstellationen jedoch fast immer aus dem Tod des einen Elternteiles (Kindbett, Kriege, Arbeitsunfälle) und dem neu Verheiraten des Witwers bzw. der Witwe. Heutzutage entstehen solche Familien oft in Folge von Trennungen. Was Patchworkfamilien heute von diesen früheren »Stieffamilien« unterscheidet, ist, dass ehemalige Partner*innen noch vorhanden sind und dadurch wesentlich komplexere Konstellationen entstehen können.

Fallbeispiel Sabine & Michael – Komplexe Patchworkfamilie
Sabine ist mit Michael seit 12 Jahren ein Paar, seit acht Jahren sind sie verheiratet. Sie haben gemeinsam den Sohn Max, der neun Jahre alt ist. Dauerhaft mit ihnen zusammen leben auch die Töchter von Sabine aus ihrer ersten Ehe mit Markus: Sarah (18) und Svenja (15). Sie sehen ihren Vater an den Wochenenden und in den Ferien (Residenzmodell bei der Mutter). Auch Michael war bereits einmal verheiratet, mit Bea. Die beiden Söhne aus dieser Beziehung, Ben (19) und Boris (17), leben im Wechselmodell ca. eine Woche im Monat bei Sabine und Michael, sonst bei ihrer Mutter. Auch an manchen Wochenenden und in Urlauben sind sie dabei. Bea wiederum ist auch zum zweiten Mal verheiratet und hat mit ihrem neuen Partner auch ein drittes Kind bekommen – Bob. Markus, der erste Mann von Sabine, war lange mit einer Frau mit vier Kindern zusammen, ist aktuell aber Single.

Schaut man dieses alltägliche Beispiel an, wird deutlich worin die Komplexität besteht: Eine neue Kernfamilie mit den Eltern Sabine und Michael lebt mal mit einem, oft mit drei und immer wieder auch mit fünf Kindern zusammen. Neben diesen wechselnden Zuständen sind sie auch herausgefordert, Patchworkvater

4.5 Fortsetzung folgt – Patchworkfamilien

für zwei Töchter bzw. Patchworkmutter für zwei Söhne zu sein. Zu diesen jeweils nicht leiblichen, sondern sozialen Kindern müssen Beziehungen immer wieder neu hergestellt und verhandelt werden. Beide müssen sich zudem mit Bea und deren neuem Partner sowie mit Markus und lange Zeit auch mit dessen Partnerin abstimmen. Eigentlich ist das familiäre System dabei potentiell eine Kettenformation, denn auch die Kinder der neuen Partnerin von Markus hatten ja einen Vater, der wiederum eine neue Paar-Beziehung mit Kindern haben kann etc.

Auch wenn die Kommunikation gelingt und Abstimmungsprozesse für alle befriedigend verlaufen, so sind doch Konfliktpotentiale alltäglich und Kompromisse immer notwendig. Mögliche Komplikationen liegen auf allen Ebenen des Familiensystems: Auf Sabine und Michael lastet viel Verantwortung, sie müssen sich um viele Beziehungen kümmern und dabei die eigene Paarbeziehung im Blick behalten. Bei den Kindern treffen verschiedene Geschlechter, Altersgruppen, Herkunftsfamilien, Loyalitäten und Entwicklungsphasen aufeinander – hier hat potentiell immer irgendein Kind ein Problem. Hinzu kommen die je in einer Balance zu haltenden Abstimmungs-, aber auch Abgrenzungsprozesse mit den Ex-Partner*innen und deren Familien. Hier können sowohl auf Ebene der Erwachsenen als auch auf Ebene der Kinder Loyalitätskonflikte und Konkurrenzen auftreten. Auch wenn Koflikte konstruktiv gelöst werden können, so ist die neue Familie von Sabine und Michael immer auch mit den beiden anderen Familien verknüpft und wird durch Lebensereignisse in diesen familiären Satelliten direkt mitbeeinflusst. Als Bea z.B. eine längerfristige Erkrankung durchgemacht hat, lebten Ben und Boris längere Zeit ganz bei Sabine und Michael, mit Auswirkungen auf die Familiendynamik und Alltagsorganisation bis hin zur Organisation der Erwerbsarbeit. Als Markus sich von seiner langjährigen Partnerin getrennt hat, wollte er auf einmal ein Wechselmodell. Wie können in dieser Familie je Beruf und Fürsorgenotwenigkeiten zwischen Sabine und Michael aufgeteilt werden und wer ist für die Fürsorge von welchen (wessen) Kindern wann verantwortlich? Wer für die

Finanzierung der Familie? Dies sind für alle Familien relevante Fragen, die in Patchworksituationen aber mehr Unklarheiten beinhalten als bei Kleinfamilien oder in »einfachen« Trennungssituationen ohne neue Partner*innen.
Auch pragmatisch erfordert die Patchworkfamilie eine gute Organisation. Wer ist wann bei wem, wer muss wann wohin, wer fährt wann in Urlaub? Welches Fahrzeug kann man mit fünf Kindern nutzen, welche Ferienwohnung bietet genug Platz? Wer soll zum Geburtstag des Kindes kommen? Dies und weiteres sind alltägliche Fragen.

Die Patchwork-Beraterin Katharina Grünewald (2021) buchstabiert Patchwork in diesem Sinne auch als die Notwendigkeit von »patch« und »work« gleichermaßen aus – Familien müssen an Verbindungen und Grenzziehungen, dem jeweils individuellen Zusammensetzen und Zusammenhalten der einzelnen Bestandteile der »Familiendecke« arbeiten. Dies ermöglicht Gestaltungsfreiräume und Persönlichkeitsentwicklung, erfordert aber auch viele Herstellungsleistungen und macht eben Arbeit.

Wichtig erscheint es, im Kopf zu behalten, dass Patchworfamilien diese neuen Erfordernisse und Herausforderungen mit sich bringen, um nicht innerlich in einer Kleinfamilien-Erwartung hinein zu rutschen und dann von den dieser komplexeren Familienform innewohnenden Spannungen überrascht und irritiert zu werden. Jungbauer (2014, 121) fasst in diesem Kontext folgende Familienentwicklungsaufgaben zusammen:

- die Neudefinition der Familiengrenzen, um neue Partner*innen und Kinder zu integrieren;
- eine Reorganisation der Beziehungen zwischen den familialen Subsystemen (Elternteile, verschiedene Kinder);
- es müssen Beziehungsangebote zu Ex-Partner*innen, Großeltern und anderen Mitgliedern der erweiterten Familien gestaltet werden;

4.5 Fortsetzung folgt – Patchworkfamilien

- die Kinder müssen den neuen Patchwork-Elternteil als Erziehungs- und Autoritätsperson akzeptieren (und das andere Elternteil muss dies auch);
- die nun gemeinsame Familienrealität muss rekonstruiert, die Geschichten, Praktiken und Realitäten der bisherigen Familien in eine gemeinsame Erzählung und Praxis integriert werden.

Dies braucht gesellschaftlich angemessene Ressourcen, denn:

»Gerade Familien mit mehreren Kindern stehen oft vor spezifischen Organisationsaufgaben, die ein gutes Zeitmanagement benötigen. Zudem ist das Familienleben in Stief- und Patchworkfamilien von Mobilität und Multilokalität gekennzeichnet. Eltern benötigen daher in besonderem Maß flexible Arbeitszeiten und eine familienfreundliche Arbeitswelt« (BMFSJ 2013, 22).

Auch rechtliche Rahmenbedingungen könnten verbessert und materielle Unterstützungsleistungen ausgebaut werden. Wichtig sind auch Beratungsangebote, da Patchworkfamilien sehr individuell sind und gesellschaftlich wenige Bilder und Entwürfe hierzu vorhanden sind. Menschen geraten zudem oftmals ungeplant in diese Familienform hinein und können nicht auf verinnerlichte Erwartungen und biographisch entstandene Entwürfe zurückgreifen. Gleichwohl können die Beziehungsangebote in einer Patchworksituation auch innere Muster wecken, die Menschen in Beziehungen immer beschäftigen, wie z. B.: Werde ich angenommen, wie ich bin? Gehöre ich hier dazu? Kann ich mitbestimmen? Darf ich auch alleine sein? Wer übernimmt Verantwortung für was? Was in anderen Familien oft eine Geschichte hat und meist fraglos ist, ist hier ggf. noch zu klären und neu. Hierzu noch ein kurzes Beispiel:

Fallbeispiel Maja & Tarek – Rollenunklarheiten, innere Muster und Konflikte in Patchwork-Familien
Ole (9) fühlt sich krank und möchte nicht in die Schule gehen. Patchwork-Vater Tarek hat den »Morgendienst« bei den Kindern übernommen und entscheidet, dass die Erkältung nicht so schlimm ist und Ole doch in die Schule soll. Dessen Mutter Maja, die an

4 ... und das gemeinsame Elternsein weitergeht

diesem Tag etwas länger schlafen wollte, wird daraufhin von Ole geweckt, der ihr weinerlich erneut seine Symptome schildert. Maja entscheidet nach kurzem Zögern, dass Ole zu Hause bleiben darf. Später geraten Tarek, der sich übergangen fühlt, und Maja, die das Gefühl hat, sich rechtfertigen zu müssen, aneinander. Ole spielt derweil recht zufrieden auf dem Sofa am Nintendo.

Wichtige Punkte
1. Von zentraler Bedeutung für das Aufwachsen von Kindern in Familien nach Trennung und Scheidung sind in erster Linie die Qualität der Beziehungen in der Familie und die Qualität der Erziehung. Welches Familienmodell gelebt wird, scheint demgegenüber zweitrangig, wobei ein guter Kontakt zu beiden Elternteilen in den meisten Fällen förderlich für die Kinder sein dürfte.
2. In diesem Sinne können Modelle mit geteilter Verantwortung der Eltern für viele Familien eine gute Alternative zum Residenzmodell darstellen, wobei die Übergänge zwischen beiden Modellen in der Praxis durchaus fließend sind.
3. Für die Wahl des familialen Lebensmodells spielen äußere Faktoren (finanzielle Möglichkeiten, Arbeitszeiten, räumliche Möglichkeiten) eine Rolle. Darüber hinaus ist es empfehlenswert und naheliegend, sich ein wenig an den bereits in der Beziehung gelebten Arbeitsteilungsmustern zu orientieren und diese (vor allem bei jüngeren Kindern) nicht schlagartig zu verändern. Gleichwohl ist es legitim, dass sich im Rahmen von Trennungen auch Wünsche oder Notwendigkeiten nach einer teilweise veränderten Gestaltung ergeben, wenn Elternteile z.B. mehr erwerbstätig sein wollen oder müssen oder Elternteile den Kontakt zu den Kindern etwas intensivieren wollen.
4. Natürlich können und sollten familiale Lebensmodelle nach einer Trennung immer wieder an die Erfahrungen angepasst werden und auch daran, dass die Kinder älter und selbständiger

werden. Gleichwohl ist es für alle Beteiligten auch wichtig, dass neue stabile Strukturen entstehen.
5. Kinder sollten ihrem Alter entsprechend ihre Wünsche und Bedürfnisse äußern können und gehört werden. Gleichwohl müssen die Eltern zentrale Entscheidungen treffen und verantworten und dafür sorgen, dass die Kinder nicht in Loyalitätskonflikte geraten und sich etwa zwischen den Elternteilen entscheiden müssen.

5 Belastungen und Entwicklungschancen für Kinder

»Ich glaube, wir sollten jene nicht verachten, die zur Zeit ihrer Eheschließung noch nicht sehr reif waren [...] und für die die Zeit herankommt, in der sie in ihrer persönlichen Entwicklung neue große Sprünge vorwärts machen oder aber verkommen müssen. In der Ehe gibt es Schwierigkeiten, und die Kinder müssen dann in der Lage sein, sich an die Zersplitterung der Familie anzupassen« (Winnicott 2017 [1978], 71).

Das Zitat des Entwicklungspsychologen Winnicott stammt aus einer anderen gesellschaftlichen Zeit, den 1970er Jahren. Es macht jedoch deutlich, wie wichtig es ist, die Kinder in den Blick zu nehmen, ohne die Eltern moralisch zu verurteilen. Vielmehr gilt es, auch elterliche Bedürfnisse nach Entwicklung anzuerkennen. Dennoch sind im Kontext der Trennung der Eltern die Bedürfnisse der Kinder andere als die der Erwachsenen und Eltern sind herausgefordert, trotz eigener emotionaler Beanspruchung, die Kinder zu unterstützen, zu trösten und ihnen bei der Bewältigung zu helfen. Die Trennung ist etwas, das Eltern ihren Kindern zumuten (müssen), für das sie aber auch Verantwortung übernehmen können. Kinder erleiden dann in den meisten Fällen vorübergehende emotionale Beeinträchtigungen, die jedoch nicht zu langfristigen Schädigungen der Entwicklung führen müssen. Kinder können sich grundsätzlich an veränderte Familiensituationen anpassen.

5.1 Was bedeutet die Trennung der Eltern für die betroffenen Kinder?

In den Anfängen der Forschung zu Trennungsfolgen für Kinder, als Scheidung noch einen starken Bruch mit gesellschaftlichen Normen dargestellt hat, wurden negative psychische Folgen für Kinder hervorgehoben. Diese *Defizitperspektive* wurde Walper und Langmeyer zu Folge von einem »wesentlich komplexeren Verständnis von Wirkfaktoren« abgelöst, »die in verschiedenen Phasen des Trennungsprozesses relevant werden können und je nach verfügbaren individuellen, sozialen oder strukturellen Ressourcen durchaus unterschiedliche Konsequenzen nach sich ziehen« (Walper/Langmeyer 2014, 161). Andere Autor*innen sprechen von »vermittelnden Einflussfaktoren«, die für eine Einschätzung der Langzeitfolgen der elterlichen Trennung für die Kinder berücksichtigt werden müssen. Ob das psychische Wohlbefinden der Kinder längerfristig beeinträchtigt wird, hängt auch mit Bindungsstilen in der Familie, mit familiären Resilienz- und Risikofaktoren, wie auch kindlichen Traumata zusammen (Schaan et al. 2019, 35). Auch sozialstrukturelle Bedingungen wie eine erhöhte Armutsgefährdung von Alleinerziehenden und Trennungsfamilien sind entscheidend. Dass einzelne ältere Studien, vor allem auch aus den USA, von einer besonderen und in den 1990er Jahren zunehmenden Problematik von »Scheidungskindern« berichteten – diese zeigten mehr Verhaltensprobleme, hatten schlechtere Schulleistungen, eine ungünstigere psychische Anpassung sowie ein schlechteres Selbstkonzept und weniger tragfähige soziale Beziehungen –, steht aus neuerer Sicht eher mit den dort abgebauten staatlichen Unterstützungsleistungen für Alleinerziehende und der Zunahme sozialer Ungleichheit im Zusammenhang und ist kein Beleg für die generelle »Schädlichkeit« einer Scheidung (Walper/Langmeyer 2014, 162).

Es wird deutlich: Trennung ist unter Bedingungen mangelnder Ressourcen ein Armutsrisiko und der vermittelnde Faktor Armut ist bedeutsamer für das Entstehen einer kindlichen Beeinträchtigung als die Trennung an sich. Armut stellt generell einen zentralen Risikofaktor für kindliche Entwicklung dar, zur ökonomischen Unterversorgung kommen beengte Wohnverhältnisse, schlechte Ernährung, gesellschaftliche Stigmatisierung, Arbeitslosigkeit und Perspektivlosigkeit der Familien hinzu (Jost 2004). Auch in Deutschland sind viele Alleinerziehende von Armut bedroht: Nach Zahlen der Bertelsmann-Stiftung waren 2021 43 % der Ein-Eltern-Familien von Armut betroffen, oftmals trotz einer Erwerbstätigkeit (Lenze 2021, 29 ff.). Wenn über Trennungsfolgen nachgedacht wird, ist daher ein differenzierter Blick auf Wechselwirkungen einer Trennung mit anderen Faktoren notwendig, die innerhalb der familiären Beziehungen, aber auch in persönlichen oder strukturellen Bedingungen liegen (Fröhlich 2004).

5.2 Schutz- und Risikofaktoren

Man kann eine Trennung der Eltern somit in ein komplexes Zusammenspiel von Schutz- und Risikofaktoren vor dem Hintergrund der je verfügbaren Ressourcen einordnen. Schon in der vielzitierten Längsschnittstudie ab 1955 von Werner und Smith (Werner 2020) wurde eine durch elterliche Trennung oder permanente Konflikte belastete Familiensituation als ein Risikofaktor für kindliche Entwicklung ausgemacht, der in Wechselwirkung mit vielfältigen weiteren Einflüssen steht (Göppel 2020). Rauwald (2009, 234) listet dies etwas umfassender auf: Als Schutzfaktoren nennt sie dauerhaft gute Beziehungen zu mindestens einer primären Bezugsperson, sichere Bindungen, eine Großfamilie (die Probleme der Eltern kompensieren kann und vor allem die Mutter entlastet), eine soziale Förderung (z. B. durch die Schule und Peergroups) sowie auf das Kind bezogen eine hohe Intelligenz und ein robustes, kontaktfreudiges Temperament. Als Risikofaktoren werden Armut der Familie (niedriger sozioökonomischer Status, große Familien in zu kleinem Wohnraum), chro-

5.2 Schutz- und Risikofaktoren

nische familiäre Konflikte, eine unsichere Bindung, eine Fremdbetreuung im ersten Lebensjahr, ein Verlust der Mutter, psychische Störungen oder schwere körperliche Erkrankungen der Eltern genannt sowie eine schlechte Schulbildung der Eltern und erzwungene Kontakte zu Jugendamt oder Justizbehörden. Dabei gilt es, die Gesamtbelastung des Kindes im Blick zu behalten – je niedriger diese ist, desto höher ist der Schutz des Kindes vor einer Störung seiner Entwicklung. Dies gilt auch für die Frage, ob ein traumatisches Ereignis für ein Kind längerfristige Schäden zur Folge hat. Das hängt nicht nur vom Ereignis selbst ab, sondern auch davon, wie das Leben des Kindes vor dem Ereignis aussah und ob es währenddessen und danach in Bedingungen lebt, »die in einem guten Sinn das unerwartete und zunächst nicht zu verarbeitende Ereignis abfedern können« (Rauwald 2009, 233). Es wird ersichtlich, dass die Trennung der Eltern nicht als ein singuläres Ereignis auf ein Kind wirkt, sondern deren Folgen für seine Entwicklung von seiner Biografie und seinen sozialen Bezügen abhängen – vor, während und vor allem auch nach der Trennung der Eltern.

Dennoch ist auch das »Wie« der Trennung von Bedeutung. Man kann danach fragen, wie langanhaltend und schwerwiegend, wie destruktiv die elterlichen Konflikte waren und ob es Formen von Gewalt dabei gab (von Anschreien, Beschimpfen und Missachten bis hin zu physischer oder sexueller Gewalt). Zudem: Schaffen es beide Elternteile, die Trennung emotional zu bewältigen und gelingen Neuanfänge? Oder halten die Konflikte nach der Trennung an und es kommt zu Dämonisierungen und Spaltungen zwischen den Elternteilen? Und vor allem: Schaffen es die Eltern, die Kinder nicht aus dem Blick zu verlieren, haben Sie noch genügend emotionale Ressourcen, um ihren Kindern in der schwierigen Zeit beizustehen?

Fachleute unterscheiden zwischen kurzfristigen psychischen Beeinträchtigungen der Kinder und längerfristigen Schädigungen der Entwicklung, wodurch die Möglichkeit der Bewältigung sichtbarer wird. Eine Längsschnittstudie konnte zeigen, dass die durchweg hohen Belastungen der Kinder kurz nach einer Trennung sich in den folgenden drei Jahren so reduzierten, dass im Gesamt gesehen kaum

Unterschiede zu Kindern mit verheirateten Eltern erkennbar waren (Schmidt-Denter 2000). Dennoch unterscheiden sich Kinder in der Möglichkeit der Bewältigung der elterlichen Trennung, so dass es eine Bandbreite von Verläufen gibt und unterschiedliche Konstellationen zu unterschiedlichen kindlichen Belastungsszenarios führen. Umgekehrt kann man so auch fragen, was Kinder für eine gelingende Bewältigung der elterlichen Trennung brauchen.

5.3 Wie erleben Kinder eine elterliche Trennung?

Was Kinder erleben, hängt von den Rahmenbedingungen und dem Verlauf der elterlichen Trennung ab. *Wie* Kinder die Trennung *subjektiv* erleben, hängt jedoch auch mit dem Stand der Entwicklung des Kindes in einer bestimmten Alters- und Entwicklungsphase zusammen, mit seiner inneren Welt.

Wann eigentlich ein Kind die Eltern als getrennt wahrnimmt und wann es dementsprechend mit einer schmerzhaften Erfahrung konfrontiert wird, stellt sich als weitere Frage. Mit Figdor (2012) kann man diesen *psychologischen* Trennungszeitpunkt nur bedingt mit der faktischen Trennung und noch viel weniger mit dem Datum einer Scheidung in Zusammenhang bringen. Ausschlaggebend ist der Moment, ab dem ein Kind ein Empfinden der Unwiderruflichkeit, der Endgültigkeit des Verlustes der Familie in ihrer gewohnten Form hat. Dies kann dann sein, wenn die Eltern dem Kind dies mitteilen – »Papa und Mama haben sich getrennt«, oder »Papa/Mama wird ausziehen« –, jedoch sind kleinere Kinder noch nicht in der Lage, solche sprachlichen Mitteilungen (richtig) zu verstehen, und auch Eltern kommunizieren oftmals unabsichtlich viel diffuser, sind selbst im Unklaren, oder halten die Kinder über längere Zeit im Ungewissen. Reaktionen des Kindes, wie Wut oder Trauer, werden daher oftmals zu Zeitpunkten sichtbar, an denen die Eltern selbst keinen akuten äußeren Anlass damit in Zusammenhang bringen. Sie hängen jedoch mit dem inneren Prozess des Kindes, dessen emotionalen, psychischen Erleben der elterlichen Trennung zusammen. Figdor (2012) macht zudem darauf aufmerksam, dass sichtbare kindliche Reaktionen und von Erwachsenen problematisiertes Verhalten, oder auch gerade das völlige Fehlen von solchem Problemverhalten, nicht eins zu eins in die kindliche Innenwelt übersetzt werden können. Er spricht von einem »›Fehler‹, die Schwere der psychischen Belastung an der Auffälligkeit eines ›Symptoms‹ abzulesen« (ebd., 39). Das psychische Reagieren von Kindern ist aus einer psychoanalytischen Sicht viel komplexer – in einem Zusammenwirken von spezifischen Entwicklungsthemen, inneren Konflikten und den Versuchen deren psychischer Verarbeitung, auch durch Reaktionsbildungen und Abwehrprozesse. So kann ein Kind aus dem Erleben von Schuldgefühlen heraus zunächst besonders angepasst und hilfsbereit sein, ein anderes wendet seine Aggressionen gegen sich selbst. Eltern und Fachkräfte sind daher herausgefordert, genau hinzuschauen und hinzuhören und zu versuchen, ihrem eigenen Erleben des Kindes, den Emotionen, die im Kontakt mit dem Kind auftauchen, nachzuspüren, um mehr über dessen Innenwelt zu verstehen.

5.4 Typische Emotionen

Kinder erleben verschiedene typische Emotionen bei einer Trennung der Eltern (Figdor 2012; Walper/Langmeyer 2014, 168). Diese sind zunächst Ausdruck einer vorübergehenden Beeinträchtigung. Manche Kinder erleben auch positive Gefühle, wie Erleichterung, Beruhigung und eine Minderung von Angst im Moment der Trennung. Dies ist der Fall, wenn elterliche Konflikte vorher sehr gravierend, destruktiv und gewaltvoll waren, oder das Kind lange in einer Anspannung und Ungewissheit gelebt hat. Die Trennung führt dann zu mehr Klarheit und einem Ende der täglichen Auseinandersetzungen.

Trauer

Auch Kinder erleiden einen Verlust, wenn die Familie in der gewohnten Form nicht mehr besteht. Zudem zieht zumeist eines der Elternteile aus der gemeinsamen Wohnung aus, manche Eltern halten nur unregelmäßigen Kontakt, oder verschwinden ganz aus dem Leben des Kindes. Für ein Kind kann es sich so anfühlen, als ob es selbst verlassen wurde, nicht liebenswert genug war, um das Elternteil in der Nähe halten zu können. Dieses Gefühl kann durch reale elterliche Kontaktabbrüche verschärft werden.

Ohnmacht

In der Situation der Trennung erfährt ein Kind reale Ohnmacht: Die Eltern können auf die Wünsche des Kindes keine Rücksicht nehmen und sind im Moment der Trennung nur auf sich bezogen. Ohnmacht ist nicht nur für Kinder eines der am schwersten zu ertragenden Gefühle und Kinder können in Reaktion verschiedene Phantasien von Macht und Handlungsfähigkeit entwickeln. Sich als Superheld*in zu phantasieren kann zunächst das Ohnmachtserleben in Schach halten und in Ideen, die Eltern wieder zusammen zu bringen, oder auch in ganz anderen Helden- und Rettungsphantasien zum Ausdruck kommen. Die Kehrseite hiervon sind die häufig vorkommenden kindlichen Vermutungen, an der Trennung der Eltern schuld zu sein. Auch dies ist psychisch möglicherweise leichter zu ertragen, als das Empfinden ohnmächtig zu sein.

Wut und Hass

Frustration, Enttäuschung und Ohnmacht führen zur Wut des Kindes gegen die Eltern. Oftmals trifft dies vor allem einen Elternteil, der vorrangig für die Trennung verantwortlich gemacht wird, während das Kind sich mit dem anderen identifiziert. Solche Spaltungsprozesse können dem Kind zunächst helfen, die Ambivalenz – von beiden Eltern verraten und enttäuscht worden zu sein – zu reduzieren, indem ein Elternteil zum Schuldigen wird und die Beziehung zum anderen Elternteil ungetrübt bleiben kann. Auch wenn die reale und die von den Elternteilen selbst erlebte Situation hier eine Rolle spielt, so kann die Schuldzuweisung des Kindes auch aus dessen Innenwelt herrühren und im Kontext seiner psychischen Entwicklung verstanden werden.

> »Was das Erleben der Kinder betrifft hängen die Schuldzuweisungen weit mehr mit der (zum Teil unbewussten) Bedeutung, welche die Scheidung für sie annimmt, mit dem Stand der jeweiligen Objektbeziehung und den bevorzugten Mechanismen der Konfliktabwehr zusammen als mit den ›realen‹ Verhältnissen« (Figdor 2012, 35).

Wut kann auch zur Abwehr des Gefühls dienen, an der Trennung der Eltern schuld zu sein.

Kindliche Schuldgefühle

Diese speisen sich aus verschiedenen Quellen. Möglicherweise haben die Eltern auch um und über Themen des Kindes gestritten, dann kann es das Gefühl haben, der Anlass für den Streit der Eltern gewesen zu sein. Auch kann es sich mit seinen Vermittlungsversuchen als gescheitert erleben. Im Sinne des Empfindens, selbst von dem ausziehenden Elternteil verlassen worden zu sein, kann es sich als nicht liebenswert genug erleben. Zudem:

> »Mit dem Weggehen eines Elternteils werden aber auch archaische Befürchtungen vor Trennung und Liebesverlust wahr. [...] Demzufolge erscheint

vielen Kindern die Scheidung als Strafe, die Vergeltung für Fehlverhalten, für zu geringe Leistungen, ja selbst für verbotene Gedanken« (Figdor 2012, 36).

Zudem haben Kinder immer auch Aggressionen gegenüber ihren Eltern – wegen Verboten, Kränkungen und Enttäuschungen, die zwischen Eltern und Kindern nicht zu vermeiden und deren Bewältigung für die Entwicklung des Kindes sogar sehr hilfreich sind. In der inneren Welt des Kindes kann es bei einer Trennung jedoch zu dem Erleben kommen, dass aggressive Wünsche Realität geworden wären. Der in einem Wutanfall fortgewünschte Vater ist nun tatsächlich gegangen, oder die Mutter, die das Kind zerstören wollte, ist nun wirklich am Boden zerstört. Dies führt beim Kind zu Schuldgefühlen. Zudem kann es auch verwirrt über die eigene Macht und die Reichweite seiner destruktiven Wünsche sein. Denn während es im Alltag sonst die Erfahrung einer Begrenzung und des Standhaltens der Eltern machen konnte, scheint es nun mit der realen Macht ausgestattet, diese zu schädigen. Dies führt zu starken Schuldgefühlen, kann aber auch umgekehrt die Allmachtsphantasie bestärken, dass die Eltern zusammengeblieben wären, wenn das Kind sich nur genug angestrengt hätte.

Angst

Die Unklarheit über die Wirklichkeit der Folgen der eigenen Aggressionen führt beim Kind auch zu Angst vor Vergeltung. Hinzu kommen Ängste, die aus der Erfahrung von Ohnmacht herrühren sowie aus der unklaren Zukunft, aus Umzügen, Schulwechseln, finanziellen Sorgen etc. Generell ist die Sicherheit des Kindes durch eine elterliche Trennung angegriffen, die auf der Verlässlichkeit und Unerschütterlichkeit seiner kindlichen Welt und familiären Ordnung herrührt. Der Verlust eines Elternteiles oder seine verringerte Präsenz führt bei Kindern zu Angst vor weiterem oder totalem Kontaktverlust auch zum anderen Elternteil. Bei einer räumlichen Trennung reduziert sich der Kontakt meist für beide Elternteile. Dass

Liebe brüchig ist und Streit Liebe beenden kann, kann auch zu Ängsten beitragen, da das Kind den Unterschied zwischen der Liebe zwischen Erwachsenen und der zwischen Eltern und Kindern nicht sicher kennt. So kann es bei alltäglichen Auseinandersetzungen stärker den Verlust der Liebe seiner Eltern fürchten (Figdor 2012). Es wird deutlich, dass die kindlichen Emotionen nicht scharf voneinander zu trennen sind, sie verweisen aufeinander und sind ineinander verwoben. Es ist wichtig, dass Eltern und Fachkräfte die unterschiedlichen kindlichen Gefühle anerkennen, denn nur dann können sie dem Kind beim Bewältigen der schmerzlichen Erfahrung helfen: Seine Trauer braucht Trost, seine Sicherheit kann wiederhergestellt und gestärkt werden, seine Wut kann verstanden und ausgehalten werden, ohne mit Gegen-Wut bestätigt zu werden, Schuldgefühle können geklärt und überwunden werden und auch über Ängste können zugewandte Erwachsene einem Kind hinweghelfen.»Schließlich tut die Zeit das ihre dazu, das Kind erkennen zu lassen, dass die Scheidung die Welt zwar zum Wanken, aber nicht zum Einsturz gebracht hat« (Figdor 2012, 39). Dies hängt in hohem Maße davon ab, ob es den Eltern und anderen bedeutsamen Erwachsenen gelingt, dies mit Worten und alltäglich in der Beziehung zum Kind zu vermitteln.

5.5 Perspektiven der Bindungstheorie

Die Bindungstheorie ist eine bei Fachkräften populäre und auch von Familien wahrgenommene Theorie, die die Qualität der emotionalen Bindung zwischen Eltern und Kindern in den Mittelpunkt stellt. Eine stabile Bindung an eine erwachsene Bezugsperson ermöglicht einem Kind das Erleben von grundlegender Sicherheit, welche wiederum ermöglicht, sich der Umwelt (Spielsachen oder auch anderen Menschen) neugierig zuzuwenden. Diese Bindung entwickelt sich in den ersten Lebensjahren in den wichtigsten Beziehungen. Wichtig für die

Qualität der Bindung ist neben der gemeinsamen Zeit die Feinfühligkeit, mit der Erwachsene die Bedürfnisse des Kindes wahrnehmen und angemessen beantworten. Im Laufe seiner Entwicklung, vor allem in den ersten Lebensjahren, verinnerlicht das Kind das erlebte Muster hin zu einer psychisch verankerten Erwartung anderen gegenüber, verbunden mit bestimmten Verhaltens- und Erlebensweisen, den Bindungsmustern. Hier können sicher gebundene Kinder von unsicher gebundenen und dabei eher unsicher-vermeidenden und eher unsicher-ambivalenten unterschieden werden. Kinder mit traumatischen Erfahrungen bilden kein stabiles Muster heraus, sondern sind in ihrem Bindungsverhalten desorganisiert (Brisch 2009, 49 ff.). Die Frage nach der Auswirkung von Trennungen in der kindlichen Entwicklung war bereits in den Anfängen der Theorieentwicklung von Bedeutung. Der Begründer Bowlby und seine Kolleg*innen Robertson und Ainsworth beschäftigten sich vor allem ab den 1950er Jahren mit den schädigenden Folgen einer kurz- oder langfristigen Trennung der Kinder von ihren Eltern, wie z.B. im Zusammenhang mit Krankenhaus- oder Heimaufenthalten. Bei Kindern und Jugendlichen mit schweren psychischen Störungen fanden sich immer wieder vielfältige frühe Trennungen (Brisch 2009, 25).

Alltägliche Trennungen sind hilfreich für die Entwicklung von Kindern, wenn sie gut vorbereitet sind und das Kind sich sicher fühlen kann, denn sie können dem Kind Zuwächse an Autonomie und Handlungsfähigkeit ermöglichen. Solche alltäglichen Trennungen sind das Einschlafen, aber auch der Besuch des Kindergartens, Übernachten bei Freund*innen, der Besuch einer weiterführenden Schule etc. Schwieriger zu bewältigen sind Trennungssituationen, die vom Kind nicht gewünscht und die nicht vorbereitet sind, wie ein Umzug, eine (erzwungene) Migration oder auch eine Trennung der Eltern. Traumatisch können solche Erfahrungen dann wirken, wenn sie plötzlich und überwältigend erlebt werden und keine Bindungsperson zur Verfügung steht, an die sich das Kind wenden könnte (Brisch 2008, 103). So muss auch eine Trennung der Eltern nicht traumatisch sein. Sie aktiviert jedoch bei Erwachsenen wie Kindern das sogenannte Bindungssystem – es entsteht Angst, die Eltern bzw.

5.5 Perspektiven der Bindungstheorie

die Nähe und den Kontakt zu den Kindern zu verlieren. Dies kann auf Seiten der Eltern dazu führen, dass sie den Kindern nicht ausreichend Schutz und Unterstützung bieten können, weil sie diese innerlich selbst benötigen (Borelli 2019).

Wieviel Stress die Kinder im Trennungsprozess erleben, hängt von dessen Verlauf ab und zentral von der Sicherheit und Unterstützung, die ihnen die Eltern und wichtige Andere geben können (Brisch 2019). Bei einem idealen Verlauf

> »können die Partner ihre Partnerschaftskonflikte lösen und die Elternebene bleibt weitgehend frei von aggressiven und depressiven Spannungen zwischen den Eltern. So könnte das Kind eine sichere Bindung zu beiden Elternteilen behalten und im freien Umgang beide Elternteile auch nach einer Scheidung als sichere emotionale Basis nutzen. Auf diese Weise wäre das Kindeswohl durch Bindungssicherheit zu beiden Elternteilen am besten gewährleistet« (Brisch 2008, 107).

Wenn die Eltern ihre Konflikte nicht miteinander lösen können, sondern diese aggressiven Auseinandersetzungen und depressiven Entwicklungen in das Leben des Kindes einwirken, kann die Bindung an einen Elternteil mit der an den anderen in Konflikt geraten. Es entsteht ein Bindungskonflikt, ein Loyalitätskonflikt zwischen den Fronten, bei dem das Kind Emotionen der Eltern aus dem Paarkonflikt übernehmen kann und aggressiv oder depressiv reagiert.

> »In der Regel hat das Kind sehr viel Angst und kann beide Eltern im Umgang nicht mehr als sichere emotionale Basis nutzen, da oftmals beide Elternteile sich wechselseitig beschimpfen und entwürdigen, als bedrohlich darstellen und dem Kind Angst machen, sollte es den Kontakt mit dem beschimpften, als bedrohlich geschilderten Elternteil suchen« (ebd., 107).

Solche Konflikte führen also zu einer Verunsicherung der Bindungsbeziehungen und schränken dadurch auch die Fähigkeiten des Kindes ein, sich seiner Umwelt zuzuwenden. Folgen können die Verschlechterung seiner kognitiven Leistungen, Lernschwierigkeiten und Schulprobleme sein (ebd.). Besonders schwierig ist die Situation, wenn das Kind Zeuge von Gewalt wird. Dies führt zu einer Verschärfung von Angst, Ohnmacht und Schuldgefühlen beim Kind und zu einer noch stärkeren Verunsicherung seiner Bindungsbedürfnisse. Für eine Einschätzung der Wirkung der Trennung auf das Kind sind auch folgende Aspekte wichtig:

- Wie waren die Bindungen zu Mutter und Vater vor der elterlichen Trennung?
- Ist die Trennung mit einem realen Verlust eines Elternteiles verbunden? Welche Bedeutung hatte dieser vorher?
- Wie stark werden die Kontakte zu beiden Eltern zeitlich und in ihrer Qualität durch die Trennung beeinträchtigt?
- Können die Eltern noch mit Feinfühligkeit auf die Bedürfnisse des Kindes eingehen, während sie möglicherweise selbst belastet sind?
- Wie stark wird das Kind in seinen Bindungsbedürfnissen verunsichert? Wird es in Loyalitätskonflikte verstrickt?
- Wie langanhaltend sind mögliche Beeinträchtigungen und gibt es andere wichtige Bezugspersonen, die dem Kind Sicherheit vermitteln?

Elterliche Trennungen stellen für die Bindungstheorie einen Risikofaktor für eine Verschlechterung der Bindungsbeziehung, aber auch der bereits verinnerlichten Muster dar. Untersuchungen über einen längeren Zeitverlauf hinweg haben gezeigt, dass »wichtige Lebensereignisse – wie Scheidung, Umzug, Krankheit oder Tod eines Elternteils – eine im erste[n] Lebensjahr noch sichere Bindungsqualität in eine unsichere transformieren können und somit eher als Risikofaktor zu betrachten sind« (Becker-Stoll et al. 1997, zit. nach Brisch 2009, 73). Ähnliches ließ sich auch für Jugendliche zeigen, die häufiger unsichere Bindungsmuster entwickelten, wenn ihre Eltern getrennt waren. Welche Bedeutung solche kritischen Lebensereignisse für ein Kind bekommen, hängt jedoch in hohem Maße davon ab, ob die Eltern oder andere wichtige Bezugspersonen das Kind emotional auffangen und bei der Bewältigung unterstützen (ebd.). Wie bereits angesprochen ist das Bestehen wenigstens einer stabilen, feinfühligen Beziehung für ein Kind ein wichtiger Schutzfaktor.

5.5 Perspektiven der Bindungstheorie

Ein weiterer Risikofaktor ist eine Rollenumkehrung (Parentifizierung), bei der ein Kind sich emotional versorgend und fürsorglich dem Elternteil gegenüber verhält, den es als besonders verletzlich oder gefährdet erlebt und dessen Verlust es fürchtet. Auch bei einer Trennung der Eltern kann dies auftreten, wenn das Kind stark um das Elternteil besorgt ist und andererseits das Elternteil sehr bedürftig ist und signalisiert, dass es Hilfe und Unterstützung braucht, ohne das Kind nicht zurechtkommt. Sichtbar wird dies, wenn das Kind überfürsorglich erscheint, Verantwortung für das Elternteil übernimmt und dafür eigene Wünsche nach Spielen und Erkunden der Umwelt zurückstellt. Stattdessen bleibt es in der Nähe der Bezugsperson und achtet besorgt auf deren Bedürfnisse (Brisch 2009, 108).

Fallbeispiel die fünfjährige D. – Parentifizierung
Das fünfjährige Mädchen D. weigerte sich seit drei Monaten, in den Kindergarten zu gehen, weswegen die Mutter therapeutischen Rat suchte. »Die Mutter konnte sich dieses Verhalten nicht erklären, denn das Kind sei früher immer gern in den Kindergarten gegangen. Während des Erstgespräches hält D. Körperkontakt mit ihrer Mutter: Sie steht neben ihr, hält ihre Hand, und ihre Augen sind fest auf das Gesicht der Mutter gerichtet. Als diese im weiteren Verlauf ihrer Schilderung zu weinen beginnt, klettert D. auf ihren Schoß, trocknet mit den Händen die Tränen und tröstet sie mit zärtlichen Gesten« (Brisch 2009, 201 f.). Aus dem Gespräch mit der Mutter erhält der Therapeut weitere Informationen: »D. ist das erste und einzige Kind ihrer Eltern, die sich vor sechs Monaten getrennt haben. Der Vater sei ausgezogen – für die Mutter vollkommen überraschend – und für sie sei ›eine Welt zusammengebrochen‹ (weint). D. habe zu ihrem Vater einen sehr innigen Kontakt gehabt. Die jetzige Besuchsregelung sehe vor, dass sie alle 14 Tage beim Vater sei. Über der Trennung sei die Mutter sehr depressiv geworden; sie befinde sich deswegen in psychiatrischer Behandlung« (ebd.). Die Mutter erzählt dem Therapeuten auch, »dass sie vor vier Monaten gedroht hatte, sich – gemeinsam mit der Tochter – das Leben zu nehmen. D. sei hierüber sehr beunru-

higt gewesen, sie schlief seit jenem Tag nicht mehr in ihrem eigenen Bett ein, sondern wollte in Vaters Bett neben der Mutter schlafen. D. sei ein Wunschkind gewesen [...] ein lebendiges und strahlendes Kind [... J]etzt sei sie traurig, sitze einfach nur zu Hause [...]. An allem sei der Vater schuld, weil er die Familie verlassen habe« (ebd.).

Hier wird sichtbar, dass das kleine Mädchen sich sehr um die Mutter sorgt, für diese Verantwortung übernimmt und versucht, sie zu trösten. Die Wochenendbesuche bedeuten einen Konflikt für das Kind zwischen der Bindung an die Mutter und der Bindung an den Vater, nicht nur wegen der mütterlichen Schuldzuweisung an den Vater. Auch verschärfen die Besuche beim Vater die Sorge um die Mutter und die Furcht vor deren Verlust, da sie depressiv ist und einen Suizid angekündigt hatte.

»Neben einem typischen Bindungskonflikt, wie er bei Scheidungskindern mit Bindungsverhalten und einer Bindungsbeziehung zu beiden Elternteilen in der Regel auftritt, gibt es hier noch eine dramatische Zuspitzung, weil D. aufgrund der Depression und der suizidalen Drohungen mit dem realen Verlust der Mutter und nicht nur mit einer Verschlechterung der Beziehung rechnen muss, wenn sie sich dem Vater zuwendet« (ebd., 203).

5.6 Elterliche Trennungen mit Blick auf Triangulierung

Wie im Fallbeispiel sichtbar, geht es auch bei getrennten Familien um die Gestaltung des Beziehungsdreieckes zwischen Eltern und Kindern, die im Kontext der Entwicklungspsychologie als sogenannte Triangulierung untersucht wird. Die Triade, das Dreieck, ist eine Grundform menschlicher Beziehungen, auch wenn sich z. B. in einer Familie mit mehreren Kindern verschiedene Dreiecke und komplexere

5.6 Elterliche Trennungen mit Blick auf Triangulierung

Netzwerke ausbilden. Man kann zwei Ebenen unterscheiden: äußerlich, alltäglich gelebte Beziehungen und innere, unbewusste Entwürfe von Beziehungen zu dritt. In einer Familie kommen mehrere Dreiecke zusammen: die realen Beziehungen zwischen den Eltern und je zu den Kindern und zwischen den Kindern, ebenso wie die verinnerlichten Muster der Eltern aus deren eigenen Kindheiten und das im Entstehen begriffene Muster eines Kindes in seiner Entwicklung.

Eine gelungene Triangulierung ist dadurch gekennzeichnet, dass alle Beteiligten sich als voneinander getrennte Individuen wahrnehmen können, zwischen allen wechselseitige Beziehungen bestehen und dies von allen auch akzeptiert ist, wenn alle Beziehungen überwiegend positiv sind und zudem mentale Repräsentanzen, also eine innerpsychische Verankerung der Beziehungen, besteht (Rohde-Dachser 1987). Das Kind wächst dabei in die zunächst vor allem durch die Eltern bestimmte Struktur hinein, setzt mit seiner Entwicklung aber Themen, die alle Familienangehörigen dann beschäftigen. Dies ist als Säugling das Gehaltenwerden oder als Kleinkind die Widersprüchlichkeit von Wünschen nach Nähe und Distanz. In besonders gut gelungenen elterlichen Trennungssituationen können noch viele der oben beschriebenen Aspekte aufrecht erhalten sein. Auch Eltern, die als Liebespaar getrennt sind, können eine ausreichend kooperative und positiv getönte Beziehung als Eltern zueinander haben und wechselseitig die positiv getönten Bindungen an das Kind wertschätzen. Hierin liegen jedoch für viele Nach-Trennungs-Familien die größten Probleme, denn oftmals wird mit der Paarbeziehung auch die (vielleicht vorher schon nicht gut laufende) Kooperation als Elternpaar aufgekündigt. Oftmals kommt es zu länger anhaltenden, gravierenden Polarisierungen, Spaltungen und Abwertungen des anderen Elternteiles, die die Beziehung zu beiden Eltern für das Kind zu einem Loyalitätskonflikt werden lassen.

Eine zweite Perspektive ergibt sich durch die Themen der kindlichen Entwicklung. Hier ergeben sich je nach Entwicklungsstand ganz unterschiedliche Problemlagen bei einer Trennung der Eltern. Für Säuglinge ist es wichtig, empathisch gehalten und fürsorglich versorgt zu werden. Hierzu müssen Eltern sich auch emotional einstellen können, was leichter ist, wenn auch sie selbst gehalten werden. Ein*e fehlende*r Dritte*r oder akute Trennungskonflikte können in diesem Moment die Einstimmung zwischen dem Kind und der Bindungsperson erschweren. Frühe Erfahrungen mit zwei Bindungspersonen ermöglichen zudem Differenzerfahrungen für ein Kind (Schon 1995, 28). Diese erleichtern erste Ablösungsschritte und können Trennungsängste durch die Anwesenheit des Dritten mindern. Die Liebesbeziehung zwischen den Eltern ermöglicht zudem Perspektivwechsel, mal bei einem auf dem Arm, mal beim anderen, mal umarmen sich die anderen und es schaut zu. Das wird dann insbesondere im Kindergartenalter wichtig, wenn ein Kind sich mit den Generationen- und Geschlechtergrenzen auseinandersetzt. Welche Position hat es als Kind in der Familie, kann es wie die Mutter oder wie der Vater sein und kann es vielleicht einen der beiden ersetzen (ödipaler Konflikt)? Hier werden empathische Antworten, Anerkennung und Grenzsetzungen beider Eltern benötigt, damit das Kind seine Identität und eine Lösung dieses Entwicklungskonfliktes finden kann. Mit Blick auf Familien mit getrennten Eltern ist es wichtig, dass eben nicht nur die realen Beziehungen von Bedeutung sind, sondern auch die inneren Bilder der Eltern selbst. Hier können Eltern zwar real anwesend sein, aber Spaltungen und Konfliktlagen die Beziehungen bestimmen, ebenso wie es bei Alleinerziehenden dennoch innere Bilder guten Zu-Dritt-Seins geben kann, die zu einer gelingenden Triangulierung für das Kind beitragen. Auch kann das vertraute Erleben erwachsener Anderer (z. B. eine*r zugewandten Partner*in, eine*r guten Freund*in) helfen, wie generell verlässliche andere Beziehungen.

Eine starke Isolation der Beziehung zwischen Elternteil und Kind stellt jedoch ein Risiko dar. In so einem Fall wird die Beziehung überfrachtet, beide haben zu wenig Möglichkeit der Distanzierung und die zunehmende Loslösung und Individuation des Kindes wird erschwert. Dies führt zu unterdrückten Aggressionen und Schuldgefühlen auf beiden Seiten. Auch der Umgang mit Ambivalenz wird beeinträchtigt und es besteht eine zusätzliche Gefahr der Spaltung, bei der negative Emotionen nach außen zum abwesenden Elternteil verlagert werden. Denn »den anderen als schlecht und böse zu erleben, ist schwer, wenn er der einzige Andere ist. Abwesenheit des Vaters hat häufig eine Idealisierung, manchmal auch eine massive Entwertung des Vaterbildes zur Folge« (Schon 2002, 26). Das Kind kann zudem zu einem Selbstobjekt des erziehenden Elternteils werden, d.h., das Elternteil ist so stark mit dem Kind identifiziert, dass es in der Versorgung des Kindes vorwiegend eigene Bedürfnisse befriedigt. Eine solcherart erlebende Mutter möchte z.b. eine nur »gute« Mutter sein und bindet das Kind überfürsorglich eng an sich. Die Überbetonung der behütenden Seite erschwert es dann, Forderungen an das Kind zu stellen und Grenzen zu setzen. Dies ist ein Ausdruck mangelnder Triangulierung, bei der anstelle einer Toleranz von Ambivalenzen, Getrenntheit, Differenz und die dabei auch notwendigen (konstruktiven) Aggressionen nach außen abgespalten und so vom Erleben ferngehalten werden. Die Sorge des Elternteiles, alleine zurückzubleiben, behindert die Autonomieentwicklung des Kindes (Kehr/Köpp 2021, 132). Hier können Fachkräfte wie Therapeut*innen und Sozialpädagog*innen dennoch zu einer nachholenden Triangulierung und Entwicklung beitragen, insbesondere wenn Jugendliche in schwere Krisen geraten und Eltern Hilfe von außen dann zulassen.

5.7 Entwicklungspsychologische Perspektiven

Im Folgenden möchten wir auf Erlebensweisen und Entwicklungsthemen in verschiedenen Altersgruppen eingehen, denn Bedürfnisse und empfindliche Bereiche sind je nach Entwicklungsstand des Kindes unterschiedlich. Auch was Kinder kognitiv verstehen können (und das heißt auch, was man ihnen erklären und mit ihnen besprechen kann), ist sehr verschieden.

5 Belastungen und Entwicklungschancen für Kinder

Babys und Kleinkinder

Man kann keinen allgemeinen Zusammenhang zwischen dem Alter der betroffenen Kinder und dem Ausmaß der Belastung festhalten – abgesehen von älteren Jugendlichen und jungen Erwachsenen, die nicht nur über entwickelte kognitive Möglichkeiten verfügen, sondern auch bereits stärker von ihren Eltern unabhängig sind. Für Babys und Kleinkinder gilt dementsprechend, dass sie nicht grundsätzlich stärker von der Trennung der Eltern belastet sind als ältere Kinder, obwohl sie aufgrund ihres Alters erst geringe Bewältigungskompetenzen haben und besonders stark von der Fürsorge und Zuwendung ihrer Eltern abhängig sind (Walper/Langmeyer 2014). Auch für Babys und Kleinkinder gilt das bereits eingangs beschriebene: Viele der in Studien gefundenen Beeinträchtigungen von Kindern nach einer frühen elterlichen Trennung lassen sich auf Begleitumstände zurückführen. Jüngere Kinder sind für das Aufrechterhalten der Beziehung zu beiden Elternteilen auf deren Kooperation angewiesen, sie haben ein höheres Armutsrisiko, da Mütter von Babys und Kleinkindern schlechtere Erwerbsmöglichkeiten haben und ihre Eltern werden mit höherer Wahrscheinlichkeit (mehrere) neue Beziehungen eingehen, als es bei älteren Kindern der Fall ist (Walper/Langmeyer 2014). Auch mit Blick auf Auffälligkeiten von Kindern, deren Eltern sich früh getrennt hatten, wurde nach Walper und Langmeyer deutlich, dass die späteren Ein-Eltern-Familien bereits vor der Trennung der Eltern vielfach von Problemlagen betroffen waren. Wenn man diese statistisch herausrechnete, zeigten sich kaum noch Unterschiede zwischen den Kindern mit getrennten und mit zusammenlebenden Eltern (ebd., 170).

Babys und Kleinkinder sind stärker als ältere Kinder auf die reale Anwesenheit der wichtigsten Bindungsperson(en) angewiesen, denn ihre Muster der Bindung entwickeln sich erst. »Ein Baby allein gibt es gar nicht« kann man sinngemäß mit dem Entwicklungspsychologen Winnicott sagen, denn das Baby ist für sein körperliches und psychisches Überleben auf fürsorgliche Andere angewiesen (Müller 2019). Seine Entwicklung findet in Beziehungen statt. Frühe Eltern-

5.7 Entwicklungspsychologische Perspektiven

Kind-Beziehungen bestehen aus vielen feinabgestimmten Interaktionen, bei denen körperlich-seelische Austauschprozesse geschehen, mit einer hohen Empathie und Feinfühligkeit seitens der Eltern. Schwere Konflikte in einer Paarbeziehung oder die Trennung in den ersten Monaten nach der Geburt eines Kindes können diese Austauschprozesse stören.»So zeigen viele Studien, dass gerade Empathie eine extrem störungsanfällige menschliche Eigenschaft ist, die unter Stressbedingungen meist als erste der sozialen Fähigkeiten eingebüßt wird« (Leuzinger-Bohleber 2019, 45). Eine Trennung der Eltern bedeutet für diese eine starke emotionale Belastungssituation, die die Feinfühligkeit dem Kind gegenüber beeinträchtigen kann. Zudem können die starken Gefühle bei den Eltern dazu führen, eigene innere Themen in die Beziehung zum Kind hineinzutragen. Dies kann zu Störungen in der feinen Abstimmung der Interaktionen und beim Kind zu Symptomen führen. Typische Symptome bei Säuglingen und Kleinkindern sind Themen des Schlafens, Schreiens/Beruhigens und der Ernährung.

Fallbeispiel Linus kann nicht schlafen – Störungen der feinen Interaktion
Ein Elternpaar stellt seinen acht Monate alten Sohn in einer Kleinkind-Eltern-Psychotherapeutischen Sprechstunde vor: Linus habe Ein- und Durchschlafstörungen (Schrage 2019). Auf die beiden gemeinsam arbeitenden Therapeutinnen wirken die Eltern und der Junge erschöpft und wenig miteinander verbunden, die Atmosphäre still und depressiv. Im Erzählen der Eltern wird deutlich, dass Linus seit zwei Monaten nie länger als eine Stunde schläft und Tag und Nacht intensive Hilfe beim Wieder-Einschlafen braucht. Dies begann, als der Vater wegen einer Fortbildung einige Zeit nicht zu Hause war. Auch wenn der Vater zu Hause ist, kann die Mutter jedoch nicht innerlich Abstand nehmen und sich ausruhen. Beide Eltern haben keinen guten Kontakt zu ihren Herkunftsfamilien und fühlen sich allein gelassen. Auch Ärger und Enttäuschung werden spürbar. Das Baby spielt in der Therapiesituation recht ausdauernd auf einer Decke und sucht auch Blickkontakt

zum Vater. Auf praktische Vorschläge reagieren die Eltern unterschiedlich – der Vater überrascht aber positiv, die Mutter trotz ihrer Erschöpfung ablehnend. Im weiteren therapeutischen Prozess werden aggressive Tendenzen der Mutter deutlich, den Vater aus der Mutter-Kind-Dyade auszuschließen und entwertende Angriffe auf seine Identität als Vater. Die Schlafstörungen des Kindes werden als Angst der Mutter erkennbar, für die im Kontakt mit dem Baby kleinere Ablösungsschritte anstehen – wie die erste Flaschenmilch nach dem Stillen, oder eben ein selbstständigeres Einschlafen des Kindes. Diese sprechen Verlusterfahrungen und Verlassenheitsängste der Mutter selbst an. Die Therapeutinnen arbeiten mit den Eltern auf einer praktischen Ebene an alltäglichen Veränderungen und behalten zugleich die familiäre Dynamik im Blick. Sie arbeiten an der Wahrnehmung der Signale des Kindes vor allem durch die Mutter und am Zurücknehmen der Wahrnehmungsweisen, die mehr durch die innere Welt der Eltern selbst bestimmt waren. Je mehr sich der Zustand des Schlafverhaltens von Linus bessert, desto mehr werden jedoch Paarkonflikte sichtbar. Die Mutter kann den Vater nicht als hilfreichen Dritten wahrnehmen und wertet ihn ab. Je selbständiger das Baby wird – er wird abgestillt und sein Übergang in eine Krabbelstube rückt näher –, desto mehr Möglichkeiten der Freiheit erhält auch die Mutter zurück. Die Ängste, die dies auch weckt, werden von der Mutter aber nicht erlebt, sondern dem Vater wird in einer als passiv-aggressiv beschriebenen Verschiebung vorgeworfen, dass er sie in ihrer Autonomie einschränkt und nicht unterstützt. Der Sohn schläft tagsüber immer besser, während die Eltern sich zunehmend streiten. Nachts wacht er weiterhin häufig auf. Am Ende der Therapie bilanziert die Therapeutin: »Linus schläft. Indem wir gemeinsam [r]ückschauen, um herauszufinden, warum die anfängliche Tendenz einer Verbesserung von Linus' Schlafverhalten keine Fortsetzung findet, wird allen deutlich, dass die große Uneinigkeit und Streit der Eltern zentral ist, und Linus mit der Wiederkehr/Aufrechterhaltung des Symptoms vermutlich (auch) das nächtliche Beisammensein der Eltern verhindert, die Eltern

5.7 Entwicklungspsychologische Perspektiven

trennt. Es kann den Eltern verdeutlicht werden, dass es für den kleinen Kerl eine zu große Aufgabe ist, Vater und Mutter voreinander zu schützen bzw. sie beide jeweils zu versorgen« (Schrage 2019, 161).

Deutlich wird an diesem Fall – die Eltern sind noch zusammen –, wie ein Paarkonflikt zu Symptomen bei einem Säugling führen kann. Das vor allem nächtliche Schreien und Aufwachen des Babys hält die Eltern in Atem und verhindert zunächst, dass die Paarkonflikte sichtbar werden, denn das Verhalten des Babys erscheint als das (gemeinsame) Problem. Gut erkennen kann man hier auch, dass elterliche Themen, wie biographisch entstandene Trennungsängste und Einsamkeitsgefühle, durch die Entwicklungsschritte des Kindes angesprochen werden. Themen der Eltern, wie biographische und akute Konflikte oder eine Trennung, führen zu einer veränderten elterlichen Wahrnehmung des Kindes und einem nicht angemessenen Reagieren. Auf einer unbewussten Ebene hilft die Symptomatik des Kindes den Eltern und erfüllt deren Bedürfnisse nach Nähe oder einem Verbergen von Konfliktursachen, auch wenn sie in ihrem bewussten Erleben dringend ein Ende der Symptome wünschen. Allerdings kann ein Baby, dessen Bedürfnisse nicht (mehr) feinfühlig wahrgenommen werden, auch in einen Rückzug gehen und seine Bedürfnisse zurücknehmen. So kann auch eine starke Selbstgenügsamkeit eines Babys ein Hinweis auf eine Beeinträchtigung sein, auch wenn das Kind für Erwachsene »pflegeleicht« und unbeeindruckt wirkt.

Wie weit Eltern in ihrer Fürsorge durch die Trennung beeinträchtigt sind, lässt sich nicht unmittelbar von außen entscheiden. Dies einzuschätzen kann jedoch bei Auseinandersetzungen um den Umgang (wann ist das Kind bei welchem Elternteil) einen wichtigen Ausschlag geben. Fachkräfte brauchen mitunter eine differenzierte Diagnostik, wenn Eltern in Konfliktlagen miteinander keine Einigung über den Umgang mit dem Kind finden. Hier sind die elterliche Fürsorge und Feinfühligkeit wichtige Kriterien neben dem Alter und Entwicklungsstand des Kindes. Im Zweifelsfall können umfassende und gerichtlich beauftragte Untersuchungen der Bindung und des elterlichen Betreuungsverhaltens dabei helfen, Entwicklungsrisiken, Resilienzfaktoren und die Möglichkeiten verschiedener Sorgemodelle zwischen den getrennten Eltern einzuschätzen (George 2019, 91 f.). Nicht immer ist es so, dass starke und vehement geforderte paritätische Umgangsregelungen im Interesse des Kindes sind. Wichtiger ist die Qualität der Bindungen und ob die Eltern in der Lage sind, fürsorglich und feinfühlig auf die Bedürfnisse des Kindes einzugehen.

Kinder im Kindergartenalter

Das Erleben von drei- bis sechsjährigen Kindern ist geprägt durch magisches und die unbelebte Welt belebendes Denken, das menschliche Eigenschaften auch auf Dinge überträgt (so haben z. b. Kuscheltiere Bedürfnisse, der böse Stein hat einen stolpern lassen), durch Ich-Bezogenheit (sich selbst als machtvoller Mittelpunkt des Geschehens erleben) und durch die Vorstellung, dass alles einen Sinn und Zweck habe (der Baum ist dazu da, Schatten zu spenden) (Bogyi 2006, 39). Auch Ängste spielen in dieser Altersgruppe eine besondere Rolle, wie Angst vor Verlassenheit, Schuld, Bestrafung, Trennung und Dunkelheit, bösen Tieren und Ähnlichem, da Kinder nun in der Lage sind, differenziertere Vorstellungen von eigenen und fremden Motiven und Gefühlen zu entwickeln. Kinder bewältigen diese Ängste u. a. durch zwei gegenläufige Muster – sie phantasieren sich als Held*innen oder schuldige Täter*innen – und legen eine starke Emotionalität in ihre belebte und unbelebte Umwelt (ebd.). Kinder nehmen eine Trennung ihrer Eltern also nicht im Sinne einer erwachsenen Rationalität wahr, sondern gemäß der ihnen ganz eigenen Weltsicht. Trauerreaktionen und Versuche der Bewältigung brauchen auch hier eine empathische Wahrnehmung durch Erwachsene, gerade weil sie sich oftmals von erwarteten Reaktionen unterscheiden. Wie stark die Reaktion des Kindes ausfällt, hängt auch davon ab, wie gravierend der Verlust ist. Wenn ein Elternteil nach der Trennung für das Kind genauso verschwunden ist, wie ein verstorbenes

5.7 Entwicklungspsychologische Perspektiven

Elternteil, sind diese sicher gravierender als bei Eltern, denen eine gute Kooperation und beiderseitige liebevolle Zuwendung an das Kind gelingt. In Anlehnung an Bogyi (2006) möchten wir im Folgenden auf einige Trauerreaktionen und Bewältigungsmechanismen von Kindern im Kindergartenalter eingehen (ebd., 47 ff.). Die Intensität der Trauerreaktion variiert entsprechend des Schmerzes sowie entsprechend des Ausmaßes und der Endgültigkeit des Verlustes.

- Kinder trauern punktuell und situativ, mit intensiven Gefühlsschwankungen.
- Alterstypische Ängste können sich verstärken. Dies betrifft z.B. Ängste vor dem Einschlafen, vor Dunkelheit, Trennung, Verlassenwerden.
- Das egozentrische Denken kann zu der inneren Annahme führen, für die Trennung verantwortlich zu sein. Da innere Phantasien nicht klar von der äußeren Realität unterschieden werden, können Trennungen vom Kind als Ergebnis der eigenen aggressiven Wünsche erlebt werden und starke Schuldgefühle wie auch Ängste vor Bestrafung hervorrufen. Im magischen Denken wurzeln auch Phantasien des Kindes, die Trennung ungeschehen machen zu können.
- Mithilfe des psychoanalytischen Konzepts der Abwehrmechanismen lassen sich viele Reaktionen von Kindern verstehen, die zunächst für Erwachsene verwirrend sind. So wenn Kinder sich verhalten, als ob nichts geschehen wäre und ihre Gefühle vom Geschehen abtrennen, wenn sie durch vorgebliche Sorglosigkeit Verzweiflung verbergen, oder wenn sie ihre Ohnmacht in eine erhöhte Aktivität umwandeln. Alles dies sind Reaktionsformen, die auch Erwachsene in emotional belastenden Situationen nutzen.
- Auch Wut kann dazu dienen, Trauer nicht empfinden zu müssen, wie sie auch eine Reaktion auf Ohnmacht sein kann. Wenn Kinder sich schlecht benehmen und dafür bestraft werden, kann dies auch ein Ausdruck der Schuldgefühle des Kindes sein – es provoziert eine Strafe von außen und bestraft sich damit selbst. Für Erwachsene ist es oft schwer, hinter aggressivem und herausfor-

derndem Verhalten die kindliche Trauer zu erkennen und empathisch zu beantworten.
- Viele Kinder zeigen ein regressives (einer früheren Entwicklungsstufe entsprechendes) Verhalten, sie quengeln, klammern, wollen wieder einen Schnuller etc. Das Kind versucht dadurch, die elterliche Aufmerksamkeit und Fürsorge zu sichern, wenn es sich besonders ängstlich und verunsichert fühlt. Erhöhte Fürsorge und Ermutigung sind hier eine gute Antwort, starre Forderungen, »vernünftig« zu sein, helfen dem Kind nicht.
- Auch können sogenannte Verschiebungen vorkommen, wenn ein Kind bei einer scheinbaren Kleinigkeit plötzlich außer sich gerät. Dort tauchen dann Emotionen auf, die eigentlich in Zusammenhang mit dem Verlust bzw. der Trennung stehen. Zudem sind Verschiebungen auf andere Menschen oder Objekte wie Schmusetiere möglich, die dann als traurig, wütend etc. dargestellt werden. Manche Kinder entwickeln auch Schamgefühle, als ob die Trennung der Eltern ihr Fehler sei.
- Kinder können auch hilfreiche Phantasien entwickeln und dies in Spielen und vor allem den sich in dieser Zeit weiter entwickelnden Rollenspielen zum Ausdruck bringen.
- Eine Reaktion des Kindes kann im Sinne des psychischen Trennungszeitpunktes (s. o.) auch verzögert und in späteren Entwicklungsphasen erneut auftreten (Bogyi 2006, 47 ff.).

Kinder im Kindergartenalter brauchen also verstehende Erwachsene, die Rückschritte des Kindes zulassen, seine aggressiven Verhaltensweisen nicht nur sanktionieren und auf scheinbar irrationale Reaktionen vorbereitet sind. Erwachsene können versuchen, auf wahrgenommene Emotionen des Kindes einzugehen, ihnen behutsam Worte zu verleihen, die das Kind wiederum verstehen kann. Alterstypisch ist die Fähigkeit, über eigene Emotionen und die anderer nachzudenken, noch begrenzt. Während ein Kind im Laufe des ersten Lebensjahres die Zielgerichtetheit von Handlungen, aber noch nicht dahinterstehende Motive versteht, beginnt es im zweiten Lebensjahr, über das Spiel erste Formen des Erlebens von und Nachdenkens über eigene und fremde Absichten und Emotionen zu entwickeln, die dann immer weiter ausdifferenziert werden (Taubner 2015). So können Kindergartenkinder Gefühle im Spiel vom eigenen Selbst ablösen und in der vorgestellten äußeren Realität (»als ob«) verorten und dort auch bearbeiten. »Die Als-Ob-Version unterscheidet sich von der realen Situation durch die Umkehr von passiv zu aktiv und die Möglichkeit, die Situation zu kontrollieren und den Ausgang im Sinne der Wunscherfüllung zu modifizieren, statt sich ihr ausgeliefert zu fühlen« (ebd., 45). Für Kindergartenkinder sind bei der Verarbeitung ihrer Erfahrungen und Emotionen daher Kindergruppen wichtig. Hier können im Spiel und in der Interaktion mit Anderen wichtige Themen eingebracht und inszeniert werden. Das Spielen ermöglicht einen Raum, in dem zunächst keine realen Konsequenzen eintreten und Kreativität und Ausprobieren möglich sind. Die Verschiedenheit der Kinder in einer Gruppe gibt einen Impuls, die eingebrachten Szenen aus den Biographien der Kinder umzuarbeiten – im spontanen Spielen und dem Aushandeln, wie gespielt werden soll (Brandes 2008, 98 f.). Der Kontakt zu anderen Kindern ermöglicht so eine spielerische Auseinandersetzung mit dem Erlebten und auch dessen Verarbeitung. Sich wiederholende Konflikte des Kindes im Kindergarten können Hinweise auf seine innere Realität geben, darauf, was bisher noch unverarbeitet ist.

Parallel zur Möglichkeit, spielerisch mit Realität umzugehen, gibt es bei Kindern zwischen 18 Monaten und 4 Jahren auch eine Gleichsetzung von innerem Erleben und äußerer Realität, zwischen dem eigenen Empfinden und dem anderer. Ängste werden dann als konkret erlebt – ein Monster sitzt im Schrank, die Polizei kommt in mein Kinderzimmer – und können auch durch konkretes Handeln (in den Schrank schauen) am ehesten aufgelöst werden. Beide Formen des Erlebens können einander abwechseln. Erst ab ca. vier Jahren beginnt ein Kind damit, eigene Wahrnehmungen stärker und zuverlässiger von denen anderer zu unterscheiden und klarer zwischen der inneren und der äußeren Welt zu differenzieren. Es kann unterschiedliche Perspektiven und die Möglichkeit von Irrtümern dabei anerkennen. Gerät ein Kind unter Druck, können jedoch immer wieder auch Rückgriffe auf frühere Formen der Wahrnehmung und Verarbeitung von innerer und äußerer Realität stattfinden (was auch auf Erwachsene zutrifft).

Schulkinder zwischen 6 und 12 Jahren

Die Spiele von Kindern im Grundschulalter und bis zum Einsetzen der Pubertät sind davon bestimmt, dass die körperliche Geschicklichkeit und das Erleben in der Gruppe von Gleichaltrigen im Mittelpunkt stehen – wenn die mediale Welt nicht überhandnimmt. Spiele in diesem Alter sind weniger phantasievoll und stärker an die Realität angepasst – so brauen vielleicht Kindergartenkinder eine Matschsuppe, während Grundschüler*innen Restaurant spielen und dabei Speisekarten malen und Tischdekoration basteln (Diem-Wille 2015, 20 f.). Kindliche Interessen sind auf die äußere Realität gerichtet, auf Hobbys, die Schule, Freund*innen und soziale Aktivitäten, und auch die Gesellschaft erwartet nun zielgerichteteres Lernen und Wissenserwerb von den Kindern. Kinder sind bereits deutlich unabhängiger von ihren Eltern und haben in ihren Aktivitäten im Außen auch größere Möglichkeiten der Bewältigung von Belastungen.

Den Kindern stehen nun differenzierte psychische Mechanismen zur Verfügung, um mit unangenehmen oder schamhaften Gefühlen umzugehen, auch um den Anforderungen an Selbst- und Körperkontrolle in diesem Alter zu entsprechen. Lernen und Erforschen können dazu dienen, innere Erregungszustände konstruktiv und kreativ nach außen zu richten. Reaktionsbildungen, d.h., es wird das Gegenteil des unbewusst bleibenden Wunsches gemacht, helfen gegen aggressive oder sexuelle Wünsche, die das Kind und sein Umfeld als nicht (mehr) angemessen erleben. So reagieren Kinder z.B. mit Ekel auf das Nasenbohren, das sie früher lustvoll gemacht haben, oder fangen an, sich beim Umziehen zu verbergen. »Eltern, denen es gelingt, mit dem Kind über die dahinterliegenden Gefühle zu sprechen, helfen ihm, einen Weg zu finden, den neuen Anforderungen der Schamhaftigkeit oder Sauberkeit zu entsprechen« (Diem-

Wille 2015, 38). Ein anderer Mechanismus ist Verleugnung, die unbewusste Weigerung, eine traumatisierende oder peinliche Wahrnehmung anzuerkennen.

Die Schule ist nun ein wichtiges Thema für Kinder und Familien und der Schuleintritt ein wichtiger Entwicklungsschritt. »Emotionale Übergänge bedeuten immer auch Abschied und Schmerz und Übergang zu Neuem« (Diem-Wille 2015, 60). In die Schule zu gehen ist mit einem Gewinn an Autonomie verbunden, aber auch mit neuen (Leistungs-)Anforderungen. Zugleich ist es auch ein Verlust der Möglichkeiten des »Kleinseins«, die das Kindergartenkind potentiell noch hatte. Kinder und Eltern erleben den Schulbeginn auch als einen Trennungsschritt und so stehen der Freude über das Neue auch Verlust und Trauer gegenüber. Wie ein Kind mit Trennungen umgehen kann, hängt mit der Erfahrung und Verarbeitung früherer Trennungen zusammen und damit indirekt auch den biographischen Trennungserfahrungen der Eltern. Oftmals sind kindliche Reaktionen im Schulkontext angesiedelt, wo sie sich in gesteigerten Ängsten und Verweigerung, in Schwierigkeiten zu lernen, äußern können.

Hans Hopf beschreibt in seinem Band zu Schulangst und Schulphobie (2018), dass Trennungsängste für einen Säugling überlebensnotwendig sind, bei älteren Kindern im Vorschul- und Schulalter jedoch eher Ausdruck unbewältigter innerer und äußerer Konflikte:

»Wenn Trennungsängste aus vielerlei Gründen während der frühen Kindheit nicht angemessen verarbeitet werden können, müssen sie verdrängt werden und wirken im Unbewussten fort. Nicht immer verhalten sie sich jedoch gänzlich stumm, rückblickend können oft Hinweise auf eine ängstliche Entwicklung erkannt werden. Doch erst wenn ein Ereignis oder eine neue Schwellensituation Trennung einfordert, werden die verdrängten Ängste manifest« (ebd., 144).

Von Hopf (2018, 145 ff.) stammt auch das folgende Beispiel, aus seiner therapeutischen Arbeit mit dem Schwerpunkt auf Schulängste und Schulphobien. Hopf reflektiert die in einem längeren Arbeiten gewonnenen Einsichten über Situation des Kindes und der Familie.

Fallbeispiel Evelyn – Trennungsängste in späteren Entwicklungsphasen

Evelyn ist zehn Jahre alt und leidet unter massiven Trennungsängsten. Oft klagt sie über Bauchschmerzen, kann sich in der Schule kaum konzentrieren. Sie widersetzt sich den Regeln der Mutter zu Hause und hat Wutausbrüche, bei denen sie schrill weint, schreit, Dinge wirft und Türen knallt. Abends kann sie nicht einschlafen und geht immer wieder zur Mutter, in deren Bett sie schlafen möchte. Die Mutter erlaubt dies häufig, da sie von Evelyns anhänglichem Verhalten genervt und erschöpft ist.

Evelyns Eltern sind getrennt, aber weiterhin in Konflikte verstrickt. Als die Eltern noch zusammen waren beleidigte und attackierte vor allem der Vater die Mutter, er war zudem depressiv erkrankt und alkoholabhängig. Evelyn will den Vater nicht mehr sehen und reagiert panisch auf alkoholische Getränke.

Der Schulwechsel auf die weiterführende Schule war hier ein Auslöser für Ängste, ebenso wie die sich andeutende Adoleszenz – die Wurzeln der Angst liegen jedoch früher. Evelyn konnte durch die längerfristigen Konflikte der Eltern und die Entwertungen der Mutter durch den Vater keine liebevolle Bindung zu beiden in einem familiären Beziehungsdreieck entwickeln. Vielmehr blieb sie eng auf die Mutter bezogen und fing an, den Vater zu fürchten, dessen Entwertungen des Weiblichen auch sie trafen. Die Angst vor dem Vater führt auch zu einem schwierigen Umgang mit den eigenen Aggressionen, die einerseits als zerstörerisch vermieden werden und andererseits dann höchst destruktiv durchbrechen. Evelyn ist in manchen Momenten wie ein unsicher-ambivalent gebundenes Kleinkind: sich an die Mutter klammernd und diese wegen der Abhängigkeit auch hassend und attackierend. Verdrängung, Phobien, hypochondrische Befürchtungen und körperliche Symptome dienen Evelyn dazu, Angst und Aggressionen in Schach zu halten – Seelisches wird in den Bereich des Körperlichen verschoben.

5.7 Entwicklungspsychologische Perspektiven

Das Fallbeispiel zeigt, dass weniger die Trennung der Eltern als ein Moment, sondern vielmehr die langwährenden destruktiven Konflikte zwischen den Eltern zu Entwicklungsschwierigkeiten bei der Tochter geführt haben. Schulängste und schulisches Vermeidungsverhalten sind in diesem Sinne Symptome für innere Konflikte des Kindes, die wiederum aus den komplexen familiären Beziehungsdynamiken, hier dem Konflikt der Eltern und den Schwierigkeiten des Vaters, herrühren. Kinder mit Schulängsten haben, wie Evelyn, oftmals vielfältige Begleitsymptome wie auch Konzentrations- und Aufmerksamkeitsstörungen. Werden diese als AD(H)S diagnostiziert und medikamentös behandelt, verpassen die beteiligten Eltern und Fachkräfte die Behandlung der eigentlichen Wurzeln der kindlichen Ängste und Schwierigkeiten (Hopf 2018, 147). Typische Gefühle bei Eltern können Mitleid, Hilflosigkeit und Schuldgefühle sein, die dazu führen können, die Ängste des Kindes und sein Vermeidungsverhalten indirekt zu unterstützen – so wie Evelyns Mutter sie in ihrem Bett übernachten lässt. Aus einer eigenen Ambivalenz zwischen Mitgefühl und Verantwortung für den Schulbesuch geraten Eltern auch in eskalierende Auseinandersetzungen mit dem Kind. Es ist hilfreich, das Kind nicht nur aus dem Schuldgefühl heraus beschützen zu wollen, sondern zugleich eine Haltung der Stärke und Beharrlichkeit zu entwickeln, um das Kind in seiner Identität als Schüler*in zu stärken und bei der Bewältigung der Ängste und der weiteren Autonomieentwicklung empathisch, aber klar zu unterstützen (Haase 2018). Neben Angst und aggressivem oder unruhigem Verhalten kann es auch zu Rückzugstendenzen kommen, wie sie in der Schulverweigerung angelegt sind. Dabei beginnen Kinder oft auch mit einer ausufernden Nutzung von Computerspielen und sozialen Medien, die die Vermeidung durch das Abtauchen in fremde Welten unterstützen, von Problemen ablenken. Diese können andererseits das Selbstwertgefühl stabilisieren und soziale Kontakte trotz Rückzug sichern: Denn Kontakte zu Freund*innen über soziale Medien sind eine Möglichkeit, fern der Erwachsenen Gleichbetroffene zu finden und den eigenen Gefühlen Ausdruck zu verleihen. Zum Problem wird dies, wenn andere Interessen und Kontakte wegfallen und die virtuelle Welt zur eigentlichen, weil befriedigenderen Welt wird. Eine offene Kommunikation über das familiäre Geschehen kann die Sicherheit des Kindes erhöhen, denn kindliche Phantasien über das, was zwischen den Eltern abläuft, sind oft schlimmer als die Realität. Kinder bekommen eine emotionale Beunruhigung der Eltern mit, auch wenn diese das oftmals nicht merken. Halbwahrheiten, Beschönigungen oder gar Lügen führen daher zu einem zusätzlichen Vertrauensverlust, einer Infragestellung eigener Wahrnehmungen und zu mehr Unsicherheit bei den Kindern. Die Kunst besteht darin, dem Kind wichtige Informationen zu geben, ohne es in den Konflikt hinein zu ziehen oder sogar zur Parteinahme zu drängen. Hinzu kommt, dass jüngere Schulkinder die Realität der erwachsenen Liebesbeziehungen und Konzepte wie »Trennung« oder »Scheidung« anders verstehen als Erwachsene und sich selbst erklären (Zartler et al. 2020). Hier gilt es im Gespräch zu bleiben.

Jugendliche

Jugendliche sind gerade selbst mit einer Entwicklungsphase der Ablösung, der Adoleszenz beschäftigt. Sie sind ausgehend von den körperlichen Veränderungen der Pubertät herausgefordert, neue und stärker eigenständige Entwürfe ihres Selbst, ihrer Wünsche, Bedürfnisse und Ziele zu entwickeln und sich dabei von ihren Eltern als zentralen Bezugspersonen zunehmend abzulösen. Trennungen sprechen grundsätzlich die für alle Menschen thematische Spannung von Autonomiewünschen und Bindungsbedürfnissen an und alle bisher gemachten Erfahrungen der Individuation und schrittweise entwickelten Eigenständigkeit, aber auch des Umgangs mit den Bedürfnissen in den nahen Beziehungen.

»Trennungen lassen sich in dieser Hinsicht als Kristallisationspunkte für Abschied, psychische Bearbeitung und Neubeginn begreifen; durch die Aktualisierung von Verlust und Trauer oder auch von konflikthaften Bezie-

5.7 Entwicklungspsychologische Perspektiven

hungserfahrungen wird zugleich die Möglichkeit ihrer psychischen (Neu-) Bearbeitung und Integration angestoßen« (Gerner 2012).

In verschiedenen Entwicklungsschritten lassen die Adoleszenten die kindliche Bindung an die Eltern und deren verinnerlichte Gebote und Verbote hinter sich und transformieren diese hin zu einem Neuentwurf der Beziehung zu den Eltern und stärker eigenständigen Werten und Identitätsentwürfen. Was macht es mit Jugendlichen, wenn nun die Eltern selbst sich trennen? Wenn die eigene Transformation mit einer Transformation der Familie zusammenfällt, oder wenn die anstehende Ablösung vor dem Hintergrund der zurückliegenden Trennungserfahrung der Eltern stattfindet und diese Erfahrungen mit anspricht? Es verändern sich die Wahrnehmung der Eltern, die Bedeutung von Trennung allgemein und die Identifikationsmöglichkeiten. Das stark gekürzte Beispiel von Gerner (2012) illustriert diese Fragen. Es stammt aus ihren Forschungen zu Trennungen in Familien mit Migrationsgeschichte und dabei aus biographisch-narrativen Interviews mit den Familienangehörigen.

Fallbeispiel Lale & ihre Töchter – Trennungen in der Adoleszenz

Zwei jugendliche Töchter orientieren sich stark am selbstbestimmten Lebensentwurf der geschiedenen Mutter, an ökonomischer Eigenständigkeit und Absicherung. »In den Erzählungen beider Töchter erhält die Mutter die Rolle einer Kämpferin und Wegbereiterin, die ihnen als Vorbild für ein von Ehe und Paarbeziehung unabhängiges eigenständiges Leben vorausgeht. [...] Während sich die Scheidung in Lales [der Mutter] Erzählung als ein mühsamer und schmerzhafter Loslösungsprozess darstellt, wird sie von den Töchtern [...] als eine Trennung ohne Verluste beschrieben. Ihre Familie präsentieren sie in diesem Deutungsmuster als eine progressive Patchworkfamilie, in er es den Eltern gelingt, in Hinblick auf die Bedürfnisse der Kinder einvernehmlich zu agieren und ihnen die Fortführung ihrer Beziehung zu beiden Elternteilen zu ermöglichen. [...] Auf der latenten Ebene zeigt sich in Interviews mit den Familienangehörigen allerdings, dass die Scheidung zugleich als ein sozialer Makel wirksam ist, der sich auch auf die innerfamiliären Beziehungsdynamiken niederschlägt. Dem manifesten Bild der starken emanzipierten Mutter steht in den Erzählungen der Töchter auf der latenten Ebene das Bild der verletzten und marginalisierten Mutter gegenüber, die das Scheitern der Ehe und damit verbunden ihren sozialen Ansehensverlust mühsam kompensieren muss. Die Fallanalysen zeigen in diesem Kontext, inwiefern die Töchter ihre eigenen Individuationsbestrebungen hinter den Bedürfnissen der Mutter zurückstellen, um deren sozialen Status zu stärken und das autonomieorientierte Selbstbild der Mutter zu stabilisieren« (Gerner 2012, 46 ff.). Zugleich wird der Vater in dieser Familie der Mutter als Versager gegenübergestellt und dient als Projektionsfigur, auf den die in Bezug auf die Mutter geleugneten »schmerzhaften und krisenhaften Anteile der Familiengeschichte« (ebd.) verschoben werden, damit das Bild der Mutter als frei von Verlust und Scheitern erhalten werden kann.

Deutlich wird an diesem Beispiel, dass die adoleszenten Neuentwürfe zwar eine Chance der Neugestaltung beinhalten, diese aber mit dem Material und vor dem Hintergrund der Familiengeschichte erfolgt. Dabei spielen Geschlechterentwürfe und Identifikationen mit oder Abgrenzungen von den Elternteilen eine Rolle – im vorliegenden Fall Identifikationen der jungen Frauen mit ihrer Mutter und deren Weiblichkeit. Vor dem Hintergrund der getrennten Eltern drohen dabei Spaltungen: Ein Elternteil kann unangenehme Anteile zugesprochen bekommen, um sich von Ambivalenz und negativen Gefühlen zu entlasten. Demgegenüber scheinen innere Räume, in denen beide Eltern eine Bedeutung haben dürfen und beide Welten – die Mutterwelt und die Vaterwelt – zusammen kommen können, besonders wichtig. Dies ist umso schwieriger je getrennter beide Welten im realen Leben des*der Jugendlichen sind. Oftmals gilt es dann in (auch therapeutisch begleiteten) Entwicklungsprozessen darum, den

5.7 Entwicklungspsychologische Perspektiven

verlorenen und innerlich krampfhaft festgehaltenen Elternteil zu rehabilitieren, damit eine Ablösung von ihm*ihr überhaupt stattfinden kann (Lang-Langer 2009). Es ist wichtig, dass Ambivalenzen anerkannt werden können: in Bezug auf Vater und Mutter als Personen, in Bezug auf die Trennung selbst und auch in Bezug auf widersprüchliche Gefühle. Je mehr die Elterngeneration bearbeiten kann, desto mehr Freiheit für ihre adoleszenten Entwicklungsprozesse erhalten die Jugendlichen. Im Folgenden wollen wir die Bereiche Liebe, Arbeit und Selbst als zentrale adoleszente Entwicklungsfelder noch einmal genauer anschauen.

Liebe

Die adoleszente Ablösung aus den kindlichen Liebesbindungen an die Eltern ist für Jugendliche generell krisenhaft, denn zunächst muss die kindliche Liebe zu den Eltern angesichts des sich verändernden, einer erwachsenen Sexualität annähernden Körpers zurückgenommen werden, ohne dass schon eine neue stabile Bindung vorhanden wäre. In mehreren Schritten, auch wechselnden Fort- und Rückschritten, wird ein Teil der Liebesenergie auf die eigene Person gewendet und oft gleichgeschlechtliche Freund*innen werden eine wichtige Ressource für den Selbstwert und die Orientierung. Erst in weiteren Schritten kommt es zu oft noch instabilen und suchenden romantischen und potentiell sexuellen Liebesbeziehungen (Günther et al. 2019). Dabei ist es hilfreich, wenn die Eltern weiterhin eine sichere Basis darstellen und bei Liebeskummer und emotionalen Krisen ansprechbar sind.

Forschung zu den sicht- und messbaren Effekten einer elterlichen Trennung auf Jugendliche zeigt, dass Jugendliche mit getrennten Eltern früher als andere eine Beziehung eingehen – insbesondere, wenn Mütter mit einem neuen Partner zusammenleben. Dies wird mit den Belastungen erklärt, die Jugendliche nach außerfamilialer Unterstützung und Stärkung des Selbstwertes suchen lassen. Verschiedene Familienkonstellationen scheinen jedoch keinen Einfluss auf die Dauer und Qualität dieser jugendlichen Beziehungen zu haben

(Wendt/Walper 2006). Für das Ablösen ist es wichtig, eine gutartige Aggression, die Trennungsaggression, nutzen zu können, ohne dabei destruktiv oder autoaggressiv werden zu müssen. Manche Autor*innen problematisieren, dass es gesellschaftlich weniger Toleranz für negative Gefühle gibt, weil Eltern negative Affekte wie Ärger, Wut und schlechte Stimmungen nicht gut ertragen können. Es gibt eine Neigung, (soziale) Medien zur Vermeidung dieser Gefühle einzusetzen (Hopf 2018, 134). Besonders aufgeladen werden die Trennungsaggressionen, wenn die elterliche Trennung destruktive Konfliktformen beinhaltet hat und gutartige Aggressionen hiervon nicht gut unterschieden werden können. Die Familie kann auch eine Verleugnung negativer Gefühle (wie im Beispiel von Gerner bei den Töchtern sichtbar) als Reaktion entwickeln, die das Nutzen der Aggression erschwert. Gleiches gilt, wenn ein (oder beide) Elternteile als geschwächt und verletzt wahrgenommen werden, Schuldgefühle und Angst vor Liebesverlust können dann die Ablösung behindern. Wenn – wie bereits in Bezug auf die anderen Altersgruppen beschrieben – Trennungsängste bei Jugendlichen entstehen bzw. kindliche Trennungsängste angesprochen werden, kann es zu einer starken Konfliktvermeidung und Suche nach harmonischen Beziehungen kommen. Ängstliche und depressive Eltern und Eltern, die sich aus eigenen Bedürfnissen heraus nach der Trennung in einer Zweierbeziehung auf ihr Kind fixieren, erschweren es dem Kind, aus der Beziehung herauszuwachsen und eigenständiger zu werden. In der Adoleszenz kann sich dann aus den unterdrückten Wünschen nach Verselbständigung eine explosive Mischung aus Wut- und Hassgefühlen und depressiven Affekten entwickeln, die sich aus der hilflosen Bindung und ohnmächtigen Wut zwischen Elternteil und Kind rührt (Hopf 2018, 132 f.).

Arbeit

Arbeit benennt nicht nur die Erwerbsarbeit, sondern fasst weiter die adoleszente Entwicklungsherausforderung, sich als handlungsfähig, tatkräftig und etwas in der Welt bewirken könnend zu erleben – dies

5.7 Entwicklungspsychologische Perspektiven

umfasst Kreativität ebenso wie Schule und die Perspektive auf Erwerbsarbeit. Schulschwierigkeiten oder Konflikte in der Ausbildung sind auch für Adoleszente ein Hauptsymptom für Entwicklungsprobleme, nicht nur bei getrennten Eltern. Hinzu kommen Themen der nicht gelingenden Ablösung, wie Wut, Hass, Depression und Verweigerung die auch im Kontakt mit Schule und mit Lehrer*innen eingebracht werden und eine andere Qualität haben. Leuzinger-Bohleber (2009, 23 ff.) zitiert hierzu ein Beispiel eines jungen Mannes, das wir in groben Zügen skizzieren möchten.

Fallbeispiel Pete – Aggression und (späte) Ablösung

Pete ist das zweite von vier Kindern, seine Eltern lassen sich nach einer katastrophalen Ehe scheiden, als er acht Jahre alt ist. Der Vater leidet bereits vorher unter starken Stimmungsschwankungen, konsumiert als Selbstmedikation Alkohol und tätigt alkoholisiert aggressive Übergriffe auf Frau und Kinder. Pete ist ein ängstliches Kind und fällt zugleich seit dem Kindergartenalter als sehr schwierig auf, bekommt auch eine ADHS-Diagnose. Er attackiert andere Kinder, stiehlt und lügt. In der Schule kommt er mit Lehrer*innen nicht zurecht und tyrannisiert die Klassenkamerad*innen. Er lebt zunächst bei seiner Mutter und wird von dieser als Jugendlicher aufgrund seiner Drogenprobleme, Schulschwierigkeiten und Diebstähle zum Vater geschickt. Schließlich eskaliert die Situation, als Pete nach vergeblichen Versuchen, vom autoritär-gewalttätigen Vater zurück zur Mutter zu wechseln, ein Gewehr mit in die Schule nimmt.

Im folgenden langjährigen therapeutisch begleiteten Entwicklungsprozess werden verschiedene Entwicklungsthemen und Bewegungen des Adoleszenten sichtbar. Mit Blick auf seine Kindheit kann man rückwirkend von einem desorganisierten Bindungsmuster ausgehen, das durch die chaotische Familiensituation und die Gewalt des Vaters entstanden ist. Die Pubertät mit ihrem Triebschub löst dann eine weitere Krise aus, denn Pete droht, die Kontrolle über seine aggressiven Impulse zu verlieren. Das Gewehr ist in diesem Sinne ein Hilfeschrei und macht auf den drohenden

Gewaltdurchbruch aufmerksam. Er scheint von einer adoleszenten Identifikation mit der Männlichkeit des Vaters bedroht, dessen Haltlosigkeit und Gewalttätigkeit. Seine Suche nach Nähe und Empathie bei der Mutter als potentiell sicherer Basis scheitern zudem. Erst die therapeutische Begleitung und ein Klinikaufenthalt helfen ihm, eine eigentlich adoleszente Entwicklung und Identitätsfindung einzuleiten. Adoleszente Größenphantasien (berühmt werden) helfen zunächst noch die schwache Identität und das schwache Selbst zu stabilisieren und Angst vor Kontrollverlust abzuwehren. Die Therapie ermöglicht eine einfühlende Unterstützung der adoleszenten Ablösung und mit zunehmender Stabilisierung können Größenphantasien langsam abgebaut werden und Selbstreflexion und Empathiefähigkeit wachsen auf eine beeindruckende Weise. Diese ermöglichen eine weitere Loslösung aus den »hasserfüllten und verklammernden« Beziehungen zu seinen Eltern (ebd., 29).

Selbst

Leuzinger-Bohleber (2009) diskutiert anhand dieser beachtlichen Entwicklung, dass für deren Gelingen nicht nur sichere Bindungen aus der frühen Kindheit ausschlaggebend sind, sondern im adoleszenten Prozess auch die Reflexionsfähigkeit und Fähigkeit, sich in sich selbst und andere denkend einzufühlen, eine besondere Bedeutung haben. Die Adoleszenz stellt somit auch in dieser Hinsicht eine zweite Chance dar, wenn Resilienz gegenüber den schädigenden Kindheitserfahrungen auch mithilfe dieser sogenannten »Mentalisierungsfähigkeit« wachsen kann. Hierfür sind jedoch nachholende Erfahrungen der empathischen Begleitung und Unterstützung durch Therapeut*innen und wichtige Bezugspersonen notwendig, sonst ist es um die zweite Chance schlecht bestellt. Die Fähigkeit zur Selbstreflexion und genügend gute Beziehungserfahrungen gehören zusammen, denn

»die Entdeckung und Entfaltung eigener Begabungen sowie eines Grundgefühls, auch affektiv belastende oder sogar traumatisierende Situationen sukzessiv kontrollieren und steuern zu können, sowie die Entwicklung selbstreflexiver, mentalisierender Fähigkeiten ist nur in Beziehung mit anderen Menschen gewährleistet« (Leuzinger-Bohleber 2009, 31).

Die Trennung der Eltern ist somit ein Belastungsfaktor für die Entwicklung, der jedoch im Kontext anderer Einflussgrößen zu betrachten ist. Die Trennung der Eltern kann so ein mehr oder minder problematisches Ereignis aus der Kindheit sein, das eine neue Bedeutung für die Adoleszenz bekommt, oder sie kann ein Ereignis sein, dass zeitlich direkt in die Adoleszenz des Jugendlichen hineinragt. Wenn die adoleszente Entwicklung weit vorangeschritten ist, ist eine Trennung der Eltern weniger belastend. Ältere Jugendliche sind von der Liebe und Bindung an die Eltern weniger abhängig und können mithilfe der erweiterten reflexiven Fähigkeiten auch anders über die Beziehung der Eltern und die Eltern als Menschen nachdenken. Als junge Erwachsene können sie mit kritischer Distanz betrachten, was die Eltern als Paar miteinander machen, ohne dass das eigene Leben (jenseits der praktischen Fragen des Kontaktes) hiervon beeinträchtigt wird. Jedoch können auch hier nachträglich Schuldgefühle und ein besonderes Verantwortungsgefühl entstehen, wenn getrennte Elternteile einsam, depressiv und hilflos erscheinen. Das eigene spätadoleszente Verlassen der Eltern kann sich dann mit dem wechselseitigen (oder einseitigen) Verlassen zwischen den Eltern mischen.

5.8 Was brauchen Kinder?

Es wurde bereits deutlich, dass elterliche Trennungen nur ein Risikofaktor für kindliche Entwicklung unter anderen sind. Somit brauchen Kinder mit getrennten Eltern das, was für alle Kinder für deren Entwicklung förderlich ist: körperliche Gesundheit, die Abwesenheit

5 Belastungen und Entwicklungschancen für Kinder

von Armut und Perspektivlosigkeit, angemessene Wohn- und Lebensverhältnisse und Eltern, die nicht an einer Abhängigkeit oder psychisch erkrankt sind. Resilienz, also die Fähigkeit mit widrigen Bedingungen zurecht zu kommen, bedeutet nicht eine Immunität gegen Verwundungen durch eine Trennung der Eltern, aber verwundete Kinder können *resilient werden*, wenn sie angemessene Unterstützung bei der Bearbeitung des Lebensereignisses durch familiale oder außerfamiliale Bezugspersonen bekommen. Zentral sind dabei vor allem »einige tragende Beziehungserfahrungen des Kindes« (Leuzinger-Bohleber 2009, 23), die sichere Bindung aus der Perspektive der Bindungstheorie. Für ältere Kinder und vor allem Jugendliche hat sich zudem eine zweite Fähigkeit als wichtig erwiesen, die sich entwickelnden selbstreflexiven Fähigkeiten. Selbstreflexivität und Mentalisierungsfähigkeit ermöglichen es, über eigene Gefühle nachzudenken und diese von den Gefühlen anderer zu unterscheiden, also auch ein Einordnen und Sortieren der kindlichen Erfahrungen und die Möglichkeit, sich innerlich von belastenden Lebensereignissen zu distanzieren. Leuzinger-Bohleber (2009, 31) hält fest:

> »Gute intellektuelle und affektive Ressourcen erleichtern zwar die Entwicklung von resilientem Verhalten, doch können diese Potentiale immer nur in korrigierenden, zuverlässigen, emotional intensiven und ›mentalisierenden‹ Beziehungserfahrungen genutzt werden. Dies bedeutet eine enorme Chance, aber auch eine hohe Anforderung an professionelles Handeln im pädagogischen Feld!«

Wichtige Punkte

1. Kinder brauchen sichere Bindungen, ein feinfühliges Wahrnehmen und Beantworten ihrer Bedürfnisse und eine sichere vertrauensvolle Begleitung in ihrer Entwicklung. Zentral ist ein altersangemessener und guter Kontakt zu den für das Kind wichtigen und hinreichend kompetenten Bindungspersonen.

2. Eine zweite wichtige Bewältigungskompetenz ist die Mentalisierungsfähigkeit. Bietet man Kindern Hilfe beim Verstehen und Benennen von Gefühlen und dem Nachdenken über sich und die Welt, kann sich diese besser entwickeln.
3. Eltern sollten zwischen eigenen Konfliktlagen und der Wahrnehmung des Kindes unterscheiden. Ideal sind eine gute Kooperation und eine konstruktive Lösung von Konflikten zwischen den Eltern.
4. Kinder zeigen je nach Entwicklungsstand ganz unterschiedliche Reaktionen. Diese sind manchmal offensichtlich und auffällig, manchmal jedoch eher unauffällig, aber gleichwohl gravierend. Eine verstehende und emphatische Haltung gegenüber den Kindern ist daher von besonderer Bedeutung.

§§ Gerichtliche Verfahren in Kindschaftssachen

Ausgangssituation: Kinder vor Gericht

Kinder können im familiären Kontext in unterschiedlichen Situationen von gerichtlichen Verfahren betroffen sein, manchmal spielen sie in Verfahren eine entscheidende Rolle. So geht es im Umfeld eines Scheidungsverfahrens oft auch um die Frage nach dem Sorgerecht für die gemeinsamen Kinder oder um Regelungen zum Umgang des Kindes mit den Elternteilen. In streitigen gerichtlichen Auseinandersetzungen ihrer Eltern um die Sorge werden Kinder häufig vor Gericht angehört (Balloff 2018, 18). Sind die Eltern sich einig, besteht kein Anlass einer gerichtlichen Klärung und eine Beteiligung des Kindes am Gerichtsverfahren kann vermieden werden, wofür angesichts der möglichen zusätzlichen Belastung gute Gründe sprechen können. Es bietet sich daher eine Mediation (▶ Kap. 7) zur Erreichung einer einvernehmlichen Regelung an und es kann sinnvoll sein, Regelungen zum Sorge- und Umgangsrecht in die sog. Scheidungsfolgenvereinbarung aufzunehmen. Hierbei handelt es sich um einen Vertrag, der die Regelung der Scheidung zum Gegenstand hat und vor dem gerichtlichen Verfahren geschlossen wird. Gerichtsverfahren vor dem Familiengericht, in denen es um die Lebenssituation von Kindern geht, nennt man Kindschaftssachen – unter anderem alle Verfahren, bei denen es um elterliche Sorge, Umgangsrecht, Vormundschaft und Pflegschaft geht (§ 151 FamFG); nicht dazu gehört indes der (Kindes-)Unterhalt. Die Verfahrensregelungen des Gesetzes über das Verfahren in Familiensachen und in den Angelegenheiten der freiwilligen Gerichtsbarkeit (FamFG) für Kindschaftssachen sollen der besonderen Belastungssituation dieser Kinder Rechnung tragen, die durch Streit und Konflikte der Eltern in einem emotionalen Ausnahmezustand sind, und zudem noch in die für sie ungewohnte Situation geraten, vor einem Gericht auszusagen. Zuständig ist das Familiengericht, bei dem bereits die Scheidung behandelt wird; ansonsten kommt es auf den Aufenthaltsort der Kinder an (§ 152 FamFG).

Die Besonderheiten von Verfahren in Kindschaftssachen
a) Der Beschleunigungsgrundsatz
Ein wesentlicher Grundsatz in bestimmten Kindschaftssachen ist das Bestreben, das Verfahren zu beschleunigen und zu einem schnellen Abschluss zu bringen (Bumiller et al. 2019, 609f.). Dies gelingt etwa, indem sie priorisiert, also schneller behandelt werden als andere familiengerichtliche Verfahren, indem gerichtliche Verhandlungen kurzfristig anberaumt werden, zur schnellen vorläufigen Regelung sogenannte einstweilige Anordnungen erlassen werden können und Fristen zur Einlegung von Rechtsmitteln kurz sind (Trenczek et al. 2018, 363).

b) Verfahrensbeteiligung und Anhörung von Kindern
Beteiligte eines Verfahrens sind neben der antragstellenden Person auch diejenigen Personen, deren Rechte durch das Verfahren unmittelbar betroffen werden (§ 7 FamFG), etwa Kinder eines sich scheiden lassenden Paares. Von einer gerichtlichen Entscheidung betroffene Kinder sind daher in das Verfahren einzubeziehen. Als

5.8 Was brauchen Kinder?

Verfahrensfähigkeit bezeichnet man in diesem Zusammenhang die Fähigkeit einer Person, ihre materiellen Rechte im Verfahren selbst auszuüben (Bumiller et al. 2019, 99). Grundsätzlich gilt, dass Kinder bereits mit 14 Jahren verfahrensfähig sind und damit keinen gesetzlichen Vertreter im gerichtlichen Verfahren benötigen (Trenczek et al. 2018, 358). Sie können daher in einem Verfahren, das ihre Person betrifft, die ihnen zustehenden Rechte geltend machen (§ 9 FamFG).

Auch regelt das FamFG die Anhörung von Kindern vor Gericht, die dazu dienen soll, einen Eindruck vom Kind unter Berücksichtigung von Alter, Entwicklung und seelischer Verfassung zu erhalten und mehr über seinen Willen und seine Beweggründe zu erfahren (Bumiller et al. 2019, 634, 637; Balloff 2018, 260). Das Recht von Kindern, angehört zu werden und die damit korrespondierende Anhörungspflicht des Familiengerichts ist Ausdruck des verfassungsrechtlich verankerten Rechts auf rechtliches Gehör sowie des kindlichen Selbstbestimmungsrechts und wurde durch Entscheidungen des Bundesverfassungsgerichts wiederholt betont; die Notwendigkeit einer Anhörung gemäß § 159 FamFG besteht daher grundsätzlich für alle Kindschaftssachen (Balloff 2018, 259f.). Gemäß § 159 FamFG werden Kinder ab 14 Jahren als Beteiligte stets angehört. Kinder unter 14 Jahren werden angehört, wenn die Neigungen, Bindungen oder der Wille des Kindes für die Entscheidung von Bedeutung sind. Hiervon ist etwa dann auszugehen, wenn das Kind aufgrund seines Alters bereits in der Lage ist, seine eigenen Empfindungen zu kommunizieren (Bumiller et al. 2019, 635). Verfahren, in denen es um eine Kindeswohlgefährdung geht, unterliegen zudem einer besonderen Regelung. Hier gibt § 157 FamFG – unabhängig von der Anhörung des Kindes – vor, dass zunächst in einem ersten mündlichen Termin mit den Eltern und in geeigneten Fällen auch mit dem Kind erörtert werden soll, wie mit einer möglichen Gefährdung des Kindeswohls umzugehen ist. Hierbei ist das Jugendamt zu beteiligen (nicht nur anzuhören!) (§ 162 FamFG).

c) Was ist ein Verfahrensbeistand?
Eine zentrale Figur in Verfahren in Kindschaftssachen ist der sog. Verfahrensbeistand. Dabei handelt es sich um eine Person, die die Interessen von Kindern und Jugendlichen im Gerichtsverfahren wahrnimmt. Ein Verfahrensbeistand ist durch das Gericht einzusetzen, wenn dies zur Wahrnehmung der Interessen des Kindes erforderlich ist (§ 158 FamFG). Insbesondere bei Verfahren, in denen es um den Entzug des Sorgerechts geht, ist dies stets der Fall, im Übrigen etwa dann, wenn die Interessen des Kindes zu denen seiner gesetzlichen Vertreter in Widerspruch stehen. Dies ist im Umfeld einer Scheidung durchaus relevant. Hier sind etwa Autonomiekonflikte denkbar, ebenso wie die Situation, dass das Kind durch streitende Eltern in Loyalitätskonflikte gerät, weil es »zwischen den Stühlen« sitzt (Trenczek et al. 2018, 361). Der Verfahrensbeistand ist nicht mit anwaltlicher Vertretung zu verwechseln und er ist auch nicht gesetzlicher Vertreter des Kindes im Verfahren, gibt also keine rechtlichen Erklärungen ab. Seine Funktion besteht indes darin, das Interesse des Kindes festzustellen und im Verfahren zur Geltung zu bringen. Interesse des Kindes meint sowohl das subjektive Interesse des Kindes, also dessen Willen, als auch dessen Wohl als objektives Interesse (Bumiller et al. 2019, 626 f.). Eine wichtige Aufgabe des Verfahrensbeistandes ist seine Anwesenheit bei der Anhörung des Kindes.

d) Muss das Jugendamt immer mitwirken in Kindschaftssachen?
Die Mitwirkung des Jugendamtes an Verfahren vor den Familiengerichten ergibt sich aus den Vorschriften der Kinder- und Jugendhilfe (SGB VIII). In Kindschaftssachen ist sie ausdrücklich vorgesehen (§ 50 SGB VIII). Mitwirkung des Jugendamtes im Verfahren erfolgt insbesondere durch Anhörung (mündlich oder schriftlich), bei der das Jugendamt erzieherische und soziale Gesichtspunkte in das Verfahren einbringt und auf erfolgte bzw. mögliche Hilfen hinweist. Das Jugendamt fungiert insoweit als wichtige Schnittstelle und Bindeglied. Auch möglich ist, dass das Jugendamt nicht nur mitwirkt, sondern auch förmlich zum Be-

5.8 Was brauchen Kinder?

teiligten des Verfahrens wird; dies kann auf Wunsch des Jugendamtes geschehen und ist zudem ohnehin der Fall in Verfahren zum Kindesschutz nach §§ 1666, 1666a BGB (▶ Kap. 6). Die förmliche Beteiligung hat zur Folge, dass das Jugendamt im Verfahren mehr Rechte hat, etwa Akteneinsicht verlangen kann.

6 Hochkonflikthafte Konstellationen und Kontaktabbrüche zwischen Eltern und Kindern

Heute haben wir Ideale vor Augen, nach denen auch getrennte Paare weiterhin gemeinsam Eltern sind und dabei gut zusammenarbeiten. Doch was ist, wenn statt einer Kooperation im Sinne der Kinder weiterhin heftige Auseinandersetzungen des ehemaligen Paares an der Tagesordnung sind? Wenn diese häufig zu Lasten der Kinder ausgefochten werden? Auf Ursachen und Lösungswege möchten wir im folgenden Kapitel eingehen.

6.1 »Normale« und eskalierende Prozesse der Trennungsverarbeitung bei Erwachsenen

»Scheiden tut weh« – eine Trennung bedeutet seelische Schmerzen – zumindest, wenn diese nach einer längeren und wichtigen Beziehung erfolgt. Erwachsene durchlaufen nach einer solchen Trennung einen Trauerprozess, der hilft, den Verlust zu verarbeiten. Hierzu gibt es verschiedene Modelle mit einer Einteilung in Phasen, wie z.B. des Nichtwahrhabenwollens, des Zorns und Aufbrechens chaotischer Emotionen, des Verhandelns, der Depression und schließlich einem neu entstehenden Bezug zu sich Selbst und zur Welt, die einen umgibt. Psychoanalytische Beschreibungen der dabei notwendigen Trauerarbeit nennen das Akzeptieren des Erlebens von Schmerz, eine

6.1 »Normale« und eskalierende Prozesse der Trennungsverarbeitung

Rückerinnerung und ein allmähliches Entwickeln neuer Muster von Beziehungen und Interaktionen mit Anderen als wichtige Schritte; es geht einerseits um »die Anerkennung der Gegenwart des Verlustes und andererseits um die Anerkennung der *Vergangenheit* der realen Beziehung« (Auchter 2019, 39). Die Verarbeitung einer Trennung braucht Zeit, auch wenn Beginn und Länge dieses Prozesses enorm variieren, auch abhängig vom Erleben der Trennung selbst. Eine typische erste Reaktion kann auch eine Vermeidung des Erlebens von Schmerz sein durch eine Verleugnung der Trennung oder Sich-in-Aktivität-stürzen. Die Unterscheidung zwischen »normalen« und »gestörten«, pathologischen oder komplizierten Trauerprozessen ist für Fachleute nicht leicht und umstritten (Auchter 2019, 28 ff.). Ob es zu Schwierigkeiten kommt, hängt von der aktuellen Lebenssituation genauso ab wie von der Bedeutung, die der Andere und die Beziehung real und in der inneren Welt hatten. Dies hat auch mit früheren Beziehungs- und Trennungserfahrungen zu tun, die bis in die frühe Kindheit und die Entwicklung der Persönlichkeit zurückreichen. Die aktuelle Trennung von dem*der Partner*in rührt also auch an alte, kindliche Erfahrungen mit Beziehung und Trennung. Dies kann das Erleben der aktuellen Trennung verschärfen.

Die Autoren Weber und Grabow (2018) weisen darauf hin, dass Gefühle des »normalen« Trauerprozesses und Gefühle bei eskalierenden Konflikten zwischen Eltern starke Überschneidungen aufweisen: »Spaltung, Wut, Aggression« und Wünsche, etwas heimzuzahlen, »ebenso wie Verleugnung, Depression und chaotisches Auf und Ab« (ebd., 218) sind gleichermaßen Teil normaler wie auch eskalierender Prozesse. Vor allem, wenn die Trennung von eine*r der Partner*innen alleine ausging und wenn eine neue Verliebtheit ein Anlass war, sind Trauerreaktionen beim unfreiwillig Getrennten stärker ausgeprägt. Hinzu kommen »Ängste vor dem Alleinsein, wirtschaftlichen Nöten und Verlust der Kinder« (ebd.), die zwischen der Wahrnehmung realer Gefahren und äußerlich eigentlich unbegründeten, irrationalen Ängsten schwanken können. In einem Zusammenwirken äußerer Umstände und innerer Persönlichkeitsstrukturen können bei manchen Personen nicht genügend

Ressourcen für den Trauerprozess vorhanden sein. Dieser wird kompliziert und ist mit längerfristigen Verleugnungen der Trennung, Depressionen mit unterschiedlichem Ausmaß, übermäßig langer Trauer (auch wenn hier normal und »zu lang« schwer zu bestimmen sind) und Verbitterung, Wut und Hass verbunden.

Eine Folge hiervon kann eine sogenannte *Verbitterungsstörung* sein, die erst in den letzten Jahren diskutiert wurde (Linden 2017). Das Lebensereignis Trennung wird in diesem Fall als höchst ungerecht erlebt, als persönliche Kränkung und Verletzung zentraler Lebenswerte. Beim Erinnern kommt es zu einer emotionalen Erregung und einem Erleben von Verbitterung, während im übrigen Alltag durchaus andere Gefühle möglich sind. Hinzu können Aggressionen und Rachephantasien kommen, aber auch angstvolle Vermeidung von Personen und Orten, die mit dem Verlust in Verbindung stehen. Auch eine Weigerung loszulassen, Niedergeschlagenheit, Antriebslosigkeit und körperliche Beschwerden wie Schlaflosigkeit zeigen sich (Linden et al. 2004). Dabei werden Aggressionen angesichts des Verlustes nicht wie bei einer Depression gegen die eigene Person gewendet (»ich bin an allem schuld«), sondern die Schuld am eigenen Schmerz wird beim Anderen erlebt: »Du bist an allem schuld«.

Wenn diese Gefühlslagen längerfristig bestehen und zu einem starken sozialen Rückzug und Einschränkungen im privaten und beruflichen Leben führen, können Verbitterungsstörungen als wirkliche Erkrankungen angesehen werden.

> »Verbitterte Menschen haben klare Vorstellungen von der Ursache und dem was gerechtigkeitshalber geschehen sollte. Sie sind kaum in der Lage, zu sehen, dass das Problem die eigene innere Reaktion und emotionale Verharrung ist. Verbitterung ist eine komplexe und potenziell gefährliche Gefühlsmischung« (Linden 2017, 27).

Rachephantasien sind hier typisch und können in Einzelfällen auch in Taten umgesetzt werden. Angriffe bis hin zu Tötungsdelikten an getrennten Partner*innen und auch erweiterte Suizide können auch aus einer Verbitterungsstörung resultieren.

6.1 »Normale« und eskalierende Prozesse der Trennungsverarbeitung

Im Zusammenhang mit einer Trennung besteht generell eine erhöhte Gefahr, dass Konflikte gewalttätig ausgetragen werden – nicht nur in Partnerschaften, in denen es bereits vorher Gewalt gab. Wenn es zu Tötungsdelikten bei (ehemaligen) Paaren kommt, finden diese häufig in Trennungssituationen statt (EBG 2020). Dabei sind die Täter meist männlich, ebenso wie die Opfer meist weiblich sind (beides zu ca. 80 %); dies sieht jedoch je nach Form und Schweregrad der Gewalt durchaus unterschiedlich aus (BKA 2021).

> **§§ Schutz vor Gewalt im privaten Bereich**
> Trennung und Scheidung können auch von gewalttätigen Auseinandersetzungen begleitet sein. Gewalt ist keine Privatsache – auch und erst recht nicht, wenn sie im privaten Umfeld oder gar in der eigenen Wohnung stattfindet. Von Bedeutung ist daher das Gewaltschutzgesetz (GewSchG). In Fällen von Gewalt, massiver Bedrohung oder auch »Stalking« im privaten oder häuslichen Umfeld ermöglicht es auf Antrag den Erlass verschiedener gerichtlicher Anordnungen. Möglich sind etwa Betretungsverbote einer Wohnung sowie Näherungs- und Kontaktverbote (§ 1 GewSchG). In Fällen häuslicher Gewalt kann es notwendig werden, zum Schutz des Opfers eine räumliche Trennung von der gewalttätigen im Haushalt lebenden Person zu erreichen. Das Gericht kann nach dem Gewaltschutzgesetz unter anderem anordnen, dass der verletzten oder bedrohten Person die Wohnung zur alleinigen Nutzung überlassen wird (§ 2 GwSchG). Dies führt praktisch dazu, dass die betroffene Person in der Wohnung verbleiben kann und nicht anderorts Schutz suchen muss. Zuständig für einen solchen Antrag in einem Gewaltschutzverfahren ist das Familiengericht an dem Ort, an dem die Tat begangen wurde oder an dem sich die gemeinsame Wohnung befindet oder an dem der*die Täter*in sich gewöhnlich aufhält (§ 211 FamFG). Die Vertretung durch einen Anwalt oder eine Anwältin ist für die Stellung des Antrags

> rechtlich nicht erforderlich (Gürbüz 2018, 165). Das Gericht prüft den Fall und erlässt eine entsprechende Anordnung. Darin wird zugleich für den Fall des Verstoßes ein sog. Zwangsgeld angeordnet (Gürbüz 2018, 164 f.). Der Verstoß gegen die vom Gericht getroffenen Anordnungen ist außerdem strafbar. Gemäß § 4 GewSchG ist eine Freiheitsstrafe von bis zu zwei Jahren oder Geldstrafe möglich. Bei Verstoß gegen eine Anordnung sollte daher die Polizei informiert werden. Hieran schließt sich dann die strafrechtliche Verfolgung an.

6.2 Hochstrittige Paare

Bei hochstrittigen Paaren sind Spaltungen verfestigt, der*die Ehemalige wird einseitig negativ wahrgenommen, ihm*ihr gegenüber besteht eine feindselige Haltung und diese Haltung wird in ein Handeln übersetzt. Alberstötter (2005, 2013) unterscheidet drei Eskalationsstufen von einem nur phasenweise gegeneinander gerichteten Sprechen und Handeln, über ein verletzendes Ausleben der negativen Emotionen und Einbeziehen Anderer in den Konflikt bis hin zu einem mit allen Mitteln geführten kriegsartigen Zustand. Die Autorinnen van Lawick und Fisser (2017, 20 ff.) benennen fünf typische Merkmale hochkonflikthafter Trennungen:

1. Die ehemaligen Partner*innen dämonisieren einander, bekommen einen »Tunnelblick« und nutzen vermehrt destruktive Kommunikationsmuster, wohingegen Empathie und Perspektivübernahme verschwinden.
2. Die Beteiligten weiten den Konflikt aus und binden Außenstehende (Freund*innen, Familie und Fachleute) ein, statt zwei einzelnen Personen stehen sich Gruppen gegenüber.

3. Die Beteiligten vertreten polare Sichtweisen auf die Trennung und auf Wünsche und Ziele.
4. Die Beteiligten verlieren die Kinder aus dem Blick.
5. Die Beteiligten erleben Ohnmacht.

Perry (2019, 177 f.) beschreibt den Prozess der »Dämonisierung« genauer, bei dem der*die Andere zur Ursache allen Übels wird. Bewusst oder unbewusst steht dahinter das Empfinden, dass das eigene Leiden, die eigenen Angst und Unsicherheit, jemand verursacht haben muss. Bei einer Trennung bietet sich für diese Position der*die Ehemalige leicht an. Daran schließen sich Verdächtigungen an, die sich zu Schuldvorwürfen steigern und zur Überzeugung verdichten, dass der*die Andere schuldig ist. »Was immer das Gegenüber tut, wird als manipulativ angesehen«, als Täuschungsversuch und Versuch, Schaden zuzufügen (ebd.). Beteiligte (wie Freund*innen oder Anwält*innen) können das Misstrauen schüren. Der Konflikt zwischen den ehemaligen Partner*innen erzeugt neues Leiden auf beiden Seiten und dieses Leiden kann wiederum das Bedürfnis stärken, sich zur Wehr zu setzen – ein Teufelskreis. Nun herrschen Gefühle wie Hass, Erbarmungslosigkeit und Verweigerung vor. Dabei ist, so hält Perry fest, »die dämonische Sicht [...] nichts anderes als die Weigerung anzuerkennen, dass möglicherweise niemand am Leiden schuld ist« (ebd., 178).

Keil de Ballón (2018, 7) formuliert als Strategien für Fachkräfte in der Beratung hochstrittiger Eltern das Folgende:

»Hilfreich als Fachkraft ist es, den Blickwinkel der Betroffenen auf den Anderen zu verändern, in ein positiveres Licht zu tauchen. Hierzu kann es notwendig sein, noch einmal auf die gelebte Zeit in der Beziehung zu schauen, und dort kritisch Erlebtes aufzulösen. Es kann auch günstig sein, die Eltern zu fragen, ob sie in fünf, 10, 15 Jahren immer noch in diesem Konflikt sein wollen. Ob sie die ganze Zeit über ihre Haltung beibehalten wollen. Wenn nein, dann kann in Einzelgesprächen gezielt an der eigenen Haltung gearbeitet werden. Eckpunkte sind hier, dem Anderen zu verzeihen für erlittenes Unrecht, sich zu entschuldigen bei dem Anderen, für die eigenen Fehler. Letztendlich geht es darum, den Betroffenen zu helfen, ihren inneren Frieden mit der Situation und dem Anderen zu finden. Perspektivenwechsel können hilfreich sein, [...] das Bild einer Opfer-Täter-Beziehung loszulassen.«

Oft trägt hierzu bei, die Eltern mit den Wahrnehmungen und Empfindungen der Kinder (z. B. durch Briefe, Videos oder Bilder) gezielt zu konfrontieren und sie dann dabei zu unterstützen, »sich den Auswirkungen ihrer Entscheidungen und ihres Handelns auf die Kinder zu stellen und sich mit den Kinderbelangen auseinanderzusetzen« (Schüler/Löhr 2013, 159).

Mit Blick auf die gesamte Familie hält Weber (2013) fest, dass eskalierte Konflikte die Erziehungsfähigkeit der Eltern beeinträchtigen, die Dynamik des Elternkonfliktes sich unmittelbar belastend auf Kinder auswirkt und deren Entwicklung stört, weil sie die Beziehung zu beiden Elternteilen, ebenso wie zu wichtigen anderen Bezugspersonen untergräbt (ebd., 148). Es ist offensichtlich, dass hochkonflikthafte Eltern den Loyalitätskonflikt der Kinder zuspitzen, deren emotionale Unsicherheit zunimmt und die Eltern im Stress des Kampfes wenig(er) empathisch und aufmerksam kindliche Bedürfnisse wahrnehmen und beantworten können.

> §§ **Kindesschutz, Entzug elterlicher Sorge und Umgangsrecht**
> *Wann müssen Kinder geschützt werden und durch wen?*
> Die Paarbeziehung und die elterliche Erziehung der Kinder sind grundsätzlich Privatsache. Staatliche Eingriffe in die elterliche Sorge sind aber zur Abwendung von Gefahren für das Kind möglich (Trenczek et al. 2018, 333). Wenn Konflikte in der Familie bzw. zwischen Eltern eskalieren, ist unter Umständen das Wohl der Kinder in Gefahr und es besteht staatlicher Handlungsbedarf. Das Grundgesetz (GG) statuiert in Artikel 6 nicht nur das Recht und die Pflicht zur elterlichen Erziehung als Elternrecht, sondern auch die Pflicht zur elterlichen Sorge und eine staatliche Verpflichtung zur Überwachung der elterlichen Erziehung. Diese Verpflichtung wird etwa durch die Handlungsbefugnisse der Kinder- und Jugendhilfe,

respektive des Jugendamtes, wahrgenommen. Der Schutzauftrag der Jugendhilfe ergibt sich unmittelbar aus dem Recht der Kinder- und Jugendhilfe (§ 1 SGB VIII). Die Kinder- und Jugendhilfe umfasst zahlreiche Leistungen für Kinder- und Jugendliche sowie ihre Sorgeberechtigten, etwa Jugendarbeit, Schulsozialarbeit oder Hilfen zur Erziehung. Daneben ist das Jugendamt in Fällen von Kindeswohlgefährdung nicht nur berechtigt, sondern auch verpflichtet zum Handeln. So kann etwa die Situation entstehen, dass ein Kind bei einer gegenwärtigen und dringenden Gefahr für das Kindeswohl durch die sog. *Inobhutnahme* zur sofortigen Abwendung der Gefahr von seinen Eltern zu trennen ist (§ 42 SGB VIII). Die Befugnisse der Kinder- und Jugendhilfe umfassen aber nicht einen (dauerhaften) Entzug der elterlichen Sorge. Dieser kann nur durch das Familiengericht erfolgen. Zentrale Vorschrift in diesem Zusammenhang ist § 1666 BGB, der das Gericht – und damit den Staat – ermächtigt und verpflichtet, im Falle von Kindeswohlgefährdung in die elterliche Sorge einzugreifen. Ist Kindeswohl gefährdet, hat das Familiengericht gemäß § 1666 BGB die Maßnahmen zu treffen, die erforderlich sind, um die Gefährdung abzustellen.

Wann ist das Kindeswohl gefährdet?
Der Begriff des Kindeswohls bedarf der näheren Betrachtung. § 1666 BGB greift, wenn das körperliche, seelische oder geistige Wohl des Kindes oder sein Vermögen gefährdet wird und die Eltern nicht bereit oder in der Lage sind, die Gefährdung abzustellen. Der Bundesgerichtshof definiert die Kindeswohlgefährdung als eine »*gegenwärtige, in einem solchen Maße vorhandene Gefahr, dass sich bei der weiteren Entwicklung eine erhebliche Schädigung mit ziemlicher Sicherheit voraussehen lässt*« (BGH 1956, 350). Hier geht es nicht um eine rein juristische Betrachtung, sondern es geht vorwiegend um eine psychosoziale Betrachtung des Kindes bzw. Jugendlichen in seinem Umfeld. Die juristische Definition ist ein erster Anhaltspunkt, die Konkretisierung und Feststellung einer Kindeswohlgefährdung erfolgt in der Praxis in der Regel anhand von Kriteri-

enkatalogen, auch wenn es sich immer um eine Einzelfallentscheidung handelt. Bei bestehenden Elternkonflikten kann also nicht automatisch auf eine Kindeswohlgefährdung geschlossen werden, sondern diese muss im Einzelfall, in der Regel durch ein Sachverständigengutachten, festgestellt werden (Schumann 2018). Offensichtliche Fälle von Kindeswohlgefährdung stellen körperliche Misshandlungen und Missbrauch dar; aber u. a. auch die Nichtgewährung ärztlicher Versorgung, unzureichende Ernährung oder Kleidung, mangelnde Aufsicht, fehlende Sorge für den regelmäßigen Schulbesuch, Gleichgültigkeit oder fehlende Wärme in der Beziehung zum Kind sind Situationen, in denen eine Kindeswohlgefährdung anzunehmen sein kann (Trenczek et al. 2018, 347 f.). Zur Gefährdungssituation muss das Unvermögen der Eltern hinzukommen, die Gefährdung des Kindeswohls abzuwenden. Auch hier geht es nicht um einen Schuldvorwurf, sondern lediglich um die Tatsachen, dass die Eltern hierzu nicht in der Lage sind (Trenczek et al. 2018, 349).

Welche Maßnahmen kann ein Gericht im Fall von Kindeswohlgefährdung anordnen?

Mögliche Maßnahmen, die das Gericht im Falle einer Kindeswohlgefährdung anordnen kann, finden sich in § 1666 BGB. Sie reichen von der Verpflichtung an die Eltern zur Inanspruchnahme von Angeboten der Kinder- und Jugendhilfe bis hin zum teilweisen oder vollständigen Entzug elterlicher Sorge. Hier ist gemäß § 1666a BGB der Grundsatz der Verhältnismäßigkeit strikt einzuhalten. Die intensivste Form des Eingriffs in die elterliche Sorge ist ihr Entzug. Dieser kommt nur in Betracht, wenn andere Maßnahmen nicht gleichermaßen erfolgversprechend sind, die Gefährdung abzuwenden. Im Falle eines vollständigen oder teilweisen Sorgerechtsentzugs müssen diese Rechte im Rahmen einer Vormundschaft (vollständig) oder Pflegschaft (teilweise) an Dritte übertragen werden. In Frage kommen – in dieser Reihenfolge – eine Person aus dem Verwandten- oder Freundeskreis, ein Verein, der dazu befugt ist, oder aber das Jugendamt (§§ 1791a, b BGB).

Fragen der Gefährdung des Kindeswohls gehören verfahrensrechtlich zu den sog. Kindschaftssachen (▶ Kap. 5), für die das Familiengericht zuständig ist. Es gilt das Gesetz über das Verfahren in Familiensachen und über die freiwillige Gerichtsbarkeit (FamFG). Vor Gericht wird die zunächst nur »mögliche« Kindeswohlgefährdung mit den Eltern, dem Jugendamt und gegebenenfalls dem Kind gemeinsam erörtert (§ 157 FamFG). Die Erörterung kann bereits stattfinden, bevor eine Kindeswohlgefährdung festgestellt ist; diese Vorverlagerung dient letztlich der Deeskalation, sie soll dazu beitragen, dass Eltern stärker zur Übernahme von Verantwortung und zur Inanspruchnahme öffentlicher Hilfen veranlasst werden (Bumiller et al. 2019, 623; Trenczek et al. 2018, 365).

Kann das Umgangsrecht im Falle von Kindeswohlgefährdung eingeschränkt werden?

Ja. Für das Umgangsrecht gilt § 1684 BGB, wonach das *Umgangsrecht* durch das Gericht eingeschränkt oder ausgeschlossen werden kann, wenn es nicht dem Wohl des Kindes entspricht.

6.3 Kontaktabbrüche und Entfremdung

Kontaktabbrüche von Seiten der Eltern

Kontaktabbrüche zwischen Eltern und Kindern können vielfältige Ursachen haben. Oftmals gehen diese von den Elternteilen selbst aus. In manchen Fällen war die Bindung an das Kind von Seiten des Elternteiles vielleicht schon vor der Trennung nicht sehr groß oder ein Elternteil versucht, sich durch einen Kontaktabbruch vor schmerzlichen Empfindungen angesichts der Trennung und/oder der eingeschränkteren Kontaktmöglichkeiten zu den Kindern zu schützen. Vielleicht versucht auch ein Elternteil den Kontakt zum zweiten Elternteil bewusst oder unbewusst gering zu halten oder zu unterbinden – aus (berechtigter oder irrationaler) Angst vor dem eigenen Verlust der Kinder, aus Wut über den*die andere*n Partner*in oder als »Rache« für dessen unangemessen erlebtes Verhalten z.B. in finanziellen Fragen. Auch kommt es vor, dass ein Kind von den Elternteilen im Zerbrechen der Paarbeziehung gleichsam mit ausgestoßen wird – dann wird das Kind bei Verwandten untergebracht oder wird zum*zur Klient*in der Kinder- und Jugendhilfe. Manche Eltern können im Kontext einer Trennung auch ihre elterliche Sorge nicht mehr aufrechterhalten, auch wenn sie dies grundsätzlich möchten.

Dabei verlieren Väter weitaus häufiger den Kontakt zum Kind (in 18 % der Trennungsfamilien) als Mütter (in 3 %; Peuckert 2019, 324). Während 81 % aller Väter auch viele Jahre nach der Trennung noch Kontakt zum Kind haben, so waren es bei Vätern ohne Sorgerecht nur 46 % (Peuckert 2019, 326). Hier bleibt das Verhältnis von Ursache und Wirkung jedoch unklar: Hatten diese kein Sorgerecht, weil kaum alltäglicher Kontakt bestand, oder hatte erst ein Verlust des Sorgerechts diese Folge (Walper 2020)? Auch andere Faktoren sind denkbar, wie Umzüge, starke berufliche Einbindungen, organisatorische Fragen oder auch – insbesondere bei starken elterlichen Konflikten oder bei sehr kleinen Kindern – eine Erschwerung des Kontaktes durch mangelnde Kooperation und Unterstützung durch das Elternteil, bei dem das Kind hauptsächlich lebt. Insgesamt sind die Ursachen für Abbrüche umstritten und scheinen eng mit geschlechterpolitischen Positionierungen verbunden: So gaben nach Peuckert (2019, 325) 40 % aller Väter mit Kontaktverlusten in einer Befragung an, dass die Ex-Partnerin den Umgang der Kinder mit dem Vater boykottiert habe. Von feministischer Seite wird umgekehrt beklagt, dass erweiterte Informations-, Kontakt- und Mitbestimmungsrechte für Väter immer wieder im Sinne einer sozialen Kontrolle von Männern über ihre Ex-Partnerinnen missbraucht würden (Berghahn 2011, 18). Eine Rolle dürften hier auch mangelnde Unterhaltszahlungen spielen. So kommen Hubert u.a. (2020, 25) in der Zusammenfassung mehrerer Studien auf eine sehr breite Spannweite von einem Drittel bis zur Hälfte der Kinder, die trotz Ansprüchen keine oder keine vollständigen Zahlungen erhalten.

Kontaktabbrüche von Seiten der Kinder

Auch Kinder können den Kontakt zu einem Elternteil verweigern. Dies kann ganz unterschiedliche Ursachen haben. Ein Mädchen im Grundschulalter weint beispielsweise immer, wenn es an »Papa-Wochenenden« zum Vater wechseln soll, hat Bauchschmerzen und will nicht dorthin. Geht es dem Kind beim Vater nicht gut? Das Weinen hat jedoch möglicherweise ganz andere Gründe und mit einer mehrdimensionalen Perspektive kann man auch fragen: Möchte das Kind die Mutter nicht alleine lassen? Hat die Mutter Befürchtungen, die das Kind emotional spürt? Oder möchte es nicht von der Beziehung der Mutter zu deren neuen Partner*in ausgeschlossen sein, wenn es weiß, dass Mutter und Partner*in etwas Schönes zusammen machen, wenn es nicht anwesend ist? Wenn Eltern empathische, fürsorgliche und genügend gute Eltern sind, die zumindest basal miteinander kooperieren können, können solche vorübergehenden Weigerungen genauer angeschaut und verstanden werden. Dem Kind kann dann geholfen werden, seine Beziehung zu beiden Elternteilen aufrecht zu erhalten.

Generell wurden in Studien verschiedene Gründe für Kontaktverlust und Kontaktverweigerung seitens des Kindes identifiziert, wie mangelnde oder begrenzte Fürsorgefähigkeiten eines Elternteils, die Konfliktgestaltung durch beide Elternteile sowie darin zum Ausdruck kommende Erwartungen von Eltern sowie die (begrenzten) Bewältigungsfähigkeiten oder sogar Traumatisierungen von Kindern (Zimmermann u. a. 2023a, 47). Ein möglicher Sonderfall der längerfristigen und sich verfestigenden Kontaktverweigerung ist von einigen Autoren mit dem Konzept des »parental alienation syndrome« (PAS) beschrieben worden. Dieses kann bei wenig kooperativen und feindseligen Eltern(-teilen) auftreten. Behrend (2009) unterscheidet drei typische Ursachen, die von einer situativen Kontaktvermeidung

6 Hochkonflikthafte Konstellationen und Kontaktabbrüche

aufgrund hoher Konfliktspannung zwischen den Eltern, über stärkere bis sehr starke Kontaktablehnung durch passive und aktive Instrumentalisierung durch einen Elternteil reichen, bis hin zu sehr starker Ablehnung eines Elternteils durch unmittelbare Kränkungserfahrungen in Interaktionen mit diesem. Dabei können sich diese Ursachen natürlich auch vermischen. Van Lawick und Visser (2017, 35) plädieren dafür, den Blick auf die Kinder als Betroffene der elterlichen Konflikte zu richten:

»Die Kinder wachsen in einer Umgebung auf, in der praktisch alle Involvierten polarisieren, zum Schwarz-Weiß-Denken neigen, sich dämonisierend äußern und Ambivalenz nicht zulassen. [...] Es ist nicht verwunderlich, dass Kinder, die in einer Abhängigkeitsbeziehung aufwachsen, dämonisierende Gedanken und Äußerungen von dem Elternteil übernehmen, mit dem sie die meiste Zeit verbringen, nicht zuletzt auch weil dessen Netzwerk – Großeltern, Familie, Freunde – meist diese Überzeugung teilt.«

Die einseitige Kontaktverweigerung stellt insofern eine Überlebensstrategie des Kindes in seiner Umwelt dar. Die Autorinnen stellen heraus, dass es unrealistisch ist, von einem Kind emotionale Autonomie und eine Neutralität zwischen polaren »Wahrheiten« zu erwarten, wenn dies den beteiligten Erwachsenen nicht gelingt. Sie plädieren dafür, eher von einem »Eltern-Entfremdungssyndrom« zu sprechen und Behandlungen an die Eltern zu adressieren. Baumann u. a. (2022a, 245) adressieren sogar das ganze Familiensystem und sprechen von einer »besonderen Form familiärer Interaktions- und Kommunikationsstörung«, in die nicht selten auch das erweiterte Familien- und Freundschaftsnetzwerk beider Partner*innen eingebunden sei.

Man kann also festhalten, dass Kontaktabbrüche zwischen Kindern und Elternteilen nicht stattfinden in Konstellationen, in denen beide Eltern sich nicht bewusst oder emotional Schuld einseitig zuweisen, sich einseitig als Opfer erleben, hochkonflikthaft streiten, oder das Kind für sich vereinnahmen möchten, sondern auch nach der Trennung wohlwollend und kooperativ miteinander in Kontakt sind. In solchen wohlwollenden Konstellationen können Schuldzuschreibun-

6.3 Kontaktabbrüche und Entfremdung

gen, Wut, Trauer und Enttäuschung sowie polare Sichtweisen auf Schuld/Unschuld, die bei Kindern ganz typischerweise nach einer Trennung und entwicklungsbedingt auftreten können, durch die Eltern aufgefangen, bearbeitet und in der weiteren kindlichen Entwicklung aufgelöst werden. Vorlieben für ein Elternteil ohne einen Kontaktabbruch sind darüber hinaus bei Kindern normal, phasentypisch und auch in der Familiengeschichte und bisherigem Alltag begründet. Allerdings reicht es oftmals bereits aus, dass ein Elternteil destruktive Verhaltensweisen zeigt, um ein Kind zur längerfristigen einseitigen Parteinahme zu motivieren.

Um das Konzept der Eltern-Kind-Entfremdung gibt es seit einigen Jahrzehnten wissenschaftliche Kontroversen. Oftmals wird der Begriff der Entfremdung als ungeeignet abgelehnt und der neutralere und umfassendere Begriff der Kontaktabbrüche bevorzugt (Zimmermann u.a. 2023a, 2023b). Dabei hat zu Recht die vereinfachende Vorstellung Kritik erfahren, dass es immer ein Elternteil ist, das das Kind zum Kontaktabbruch dränge, manipuliere bzw. in eine symbiotische und daher krankmachende Beziehung verstricke, und dies wird auch von Autoren, die den Begriff PAS nutzen, kaum mehr vertreten. Vielmehr scheint ein Blick auf verschiedene miteinander interagierende Einflussfaktoren sinnvoller (Johnston/Sullivan 2020). Von der Entfremdung als psychosozialem Phänomen müssen zunächst alle Fälle unterschieden werden, in denen in der Familie tatsächlich Gewalt, (sexueller) Missbrauch, Vernachlässigung oder massiv ausgetragene (gewalttätige) elterliche Konflikte stattgefunden haben, in denen die Kontaktabbrüche also einer sinnvollen Bewältigung und dem Schutz des Kindes dienen. Dies ist vor allem für damit befasste Fachkräfte und Jurist*innen in der Praxis nur schwer zu erhellen, da es in Gerichtskonflikten ebenso auch zu falschen Anschuldigungen kommen kann (ebd.). Anknüpfend an die Spaltungen in feindliche Lager in einem zugespitzten, hochemotionalen Trennungskonflikt geraten auch Fachkräfte leicht in Spaltungsprozesse zwischen Identifikation und Skepsis. Die Autoren Johnson und Sullivan stellen dagegen, dass es kein »Entweder-oder« geben muss. Kinder sind nicht entweder Opfer des favorisierten Elternteils oder andererseits Opfer des abgelehnten Elternteils. Ebenso muss ein Kind nicht automatisch von seinem favorisierten Elternteil manipuliert sein, und weiterhin kann eine Elternteil-Kind-Beziehung auch belastet sein, wenn kein Missbrauch festgestellt werden kann (ebd., 278). Kurzum gilt es für Beteiligte, sich nicht in Spaltungsprozesse im Kontext der Hochkonflikthaftigkeit hineinziehen zu lassen oder starr normative Ideale (z. B. »Kinder müssen Kontakt zu beiden Elternteilen haben«, »die Mutter ist wichtiger«) zu verfolgen. Stattdessen spielen viele Faktoren eine Rolle und müssen berücksichtigt werden, um Kontaktabbrüche zu verstehen (Johnston/Sullivan 2020, 280):

- auf Ebene der Trennung des Paares: (Hoch-)Konflikthaftigkeit der Trennung, nicht funktionieren der gemeinsamen Elternschaft, Paarkonflikte vor der Trennung
- Geschwisterbeziehungen der Kinder
- Professionelle aus dem Bereich der Erziehung, des Jugendamtes, Rechtsanwält*innen, Richter*innen
- die Verwandten
- Alter des Kindes und Entwicklungsstand seiner Persönlichkeit, spezifische aktuelle Entwicklungsthemen, Ressourcen und vulnerable Punkte des Kindes
- Faktoren, die das abgelehnte Elternteil betreffen, wie dessen Persönlichkeit, dessen elterliche Fürsorge und die Reaktionen in Bezug auf das Verhalten des Kindes
- Faktoren, die das bevorzugte Elternteil betreffen, wie dessen Persönlichkeit, dessen elterliche Fürsorge, die emotionale Erfahrung der Trennung und damit verbundene negative Ansichten und Emotionen.

Jaffe et al. (2017) benennen den fehlenden Ausdruck von Ambivalenz im Sprechen des Kindes über die Eltern als ein zentrales Kriterium dafür, ob eine Eltern-Kind-Entfremdung vorliege oder nicht. Ambivalenz, d. h. widersprüchliche Gefühle, sind eine normale Erfahrung in allen menschlichen Beziehungen und in diesem Sinne auch für Kinder in Beziehung zu ihren Eltern. Man kann also immer sowohl

6.3 Kontaktabbrüche und Entfremdung

positive als auch negative Empfindungen eines Kindes gegenüber seinen Elternteilen erwarten. Wenn Ambivalenz jedoch in den kindlichen Erzählungen und Haltungen fehlt, sei dies ein wichtiger Hinweis auf Prozesse einer Eltern-Kind-Entfremdung (ebd., 13). Ein Elternteil scheint dann nur gut und die Beziehung idealisiert, ein Elternteil nur schlecht und die Beziehung abgewertet. Wenn dies vor dem Hintergrund von Gerichtsverfahren zu Scheidung, Sorge- und Umgangsrecht erkennbar wird, liegt Entfremdung als eine Hypothese nahe und sollte näher untersucht werden. Die Autor*innen weisen auch darauf hin, dass die Ambivalenz bei Kindern nicht willentlich für einzelne Gesprächssituationen hergestellt oder unterdrückt werden kann und damit als ein »subtiles und abstraktes« (ebd.) Konzept wenig von Erwachsenen oder Kindern selbst konstruiert und editiert werden kann. Dies könnte Ambivalenz zu einem wichtigen und aussagekräftigen Kriterium einer Einschätzung durch Fachkräfte machen. Solch differenzierte Perspektiven sind auch deswegen wichtig, da in hochstrittigen Gerichtsverfahren, Richter*innen überfordert sein können und es mitunter zu schwerwiegenden Fehlentscheidungen kommen kann. So werden Vorwürfe der Entfremdung überproportional von Vätern gegen Mütter erhoben, um Obhutswechsel und Sorgerechtsübertragungen zu erreichen – fallweise sogar erfolgreich, obwohl Gewalt- und Missbrauchsvorwürfe gegenüber dem sorgerechtseinfordernden Elternteil anerkannt wurden (Hammer 2022; Meier 2020).

Umgangsweisen und Interventionen

Gegen die Spaltungsprozesse bei einer stark konflikthaften Trennung der Eltern können dementsprechend folgende Hinweise für Fachkräfte und andere beteiligte Erwachsene hilfreich sein: das Bewahren einer unabhängigen, dritten Position mit einer realistischen, ambivalenzfähigen und nicht erstarrten Wahrnehmung der Beteiligten. Dabei gilt es, im Dialog zu bleiben, sich nicht vereinnahmen oder in Panik versetzen zu lassen und möglichst viel durch das Reflektieren eigener Wahrnehmungen auch in Teams (Supervisionen etc.) und durch überprüfbare Fakten abzusichern. Eine solche dritte Position ist für Kinder selbst kaum erreichbar und umso weniger, je jünger sie sind. Um in einem zugespitzten Konflikt psychisch zu überleben, schlagen sie sich auf eine Seite. Um Kindern eine Unabhängigkeit von Polarisierungen zu ermöglichen, brauchen sie zumindest sichere Bindungen zu neutralen und differenzierenden Dritten und ein Umfeld, das sie im Nachdenken und Vertrauen auf eigenes Wahrnehmen und Fühlen in Situationen und Beziehungen unterstützt. Wenn Eltern und Umfeld hier versagen, sind pädagogische Fachkräfte gefragt.

Bei starken Spaltungsprozessen erweisen sich einigen Autor*innen zufolge ein reines Abwarten und die Hoffnung, dass ein »Zur-Ruhekommen-lassen« der Situation weiterführen würde, oft als falsch. Serafin (2019) empfiehlt stattdessen zügig etablierte bindungserhaltende Kontaktregelungen, psychologischen Beistand für das Kind und Beratung für beide Eltern. Baumann u. a. (2022a, 249) sprechen sich in diesen Fällen zudem (vorläufig) für eine Hinführung zu »paralleler Elternschaft« aus, in dem beide Eltern Kontakt zu den Kindern haben, aber möglichst wenig Kontakt miteinander. Gelegentlich wird sogar ein Obhutswechsel als mögliche »Ultima Ratio« bei durch einen Elternteil verursachter Kontaktverhinderung in Betracht gezogen (Baumann u. a. 2022b, 295). Dies erscheint jedoch fragwürdig, da bei Loyalitätskonflikten äußerer Zwang auf das Kind meist nur verhärtend wirkt (so auch Baumann/Bolz 2021) und die Gefahr einer zusätzlichen oder stärkeren Schädigung des Kindeswohls durch solche Maßnahmen hoch ist.

In der Elternberatung sollte die Information über die Zusammenhänge und schädlichen Folgen einer dauerhaften Eltern-Kind-Entfremdung im Vordergrund stehen, ebenso wie die Konfliktbelastung der Eltern zu senken, partnerabwertendes Verhalten beider Eltern zu mindern, und den Blick der Eltern wieder auf die psychischen Bedürfnisse des Kindes zu lenken. Schwierig daran ist, dass zumeist nur ein Elternteil ein Problembewusstsein bzw. einen Leidensdruck hat, während das Elternteil mit Kontakt zum Kind keinen Handlungsbedarf sieht. In schwerwiegenden Fällen können nach

6.3 Kontaktabbrüche und Entfremdung

Serafin (2019, 24) die Familiendynamik und der blockierte Kontakt die Voraussetzung einer Kindeswohlgefährdung erfüllen und das Jugendamt kann über die Einschaltung eines Familiengerichtes eine Auflage zur Inanspruchnahme von Hilfe erteilen – wenngleich diese auch Kooperation erfordert und schwer mit Zwangsmitteln durchzusetzen ist. Es ist eine schwierige Aufgabe, abzuschätzen, wann und ob ein solches Vorgehen möglich, realistisch und letztendlich hilfreich ist.

Hochkonflikthafte Situationen zwischen den Eltern haben Folgen für die Entwicklung von Kindern und Jugendlichen. Kontaktabbrüche zwischen Eltern und Kindern erhöhen das Risiko für spätere Depressionen, Angststörungen und andere psychische Erkrankungen und mindern unter anderem das Gefühl von Selbstwert und Handlungsfähigkeit (Miralles et al. 2021). Kontaktabbrüche erzeugen oftmals viel Leid bei den Betroffenen.

Wichtige Punkte
1. Hochstrittigkeit basiert auf Polarisierungen, Spaltungen und Eskalationen von Konflikten und letztlich einer misslungenen Verarbeitung der Trennung. Für Kinder stellt dies ein bedeutendes Entwicklungsrisiko dar.
2. Hier sind Fachkräfte gefragt, die eine unabhängige dritte Position einnehmen, den Kindern bei der Bewältigung helfen und auch den betroffenen Eltern einen Ausstieg aus der Dynamik eröffnen können. Dies ist hochkomplex und sollte Perspektivübernahme und eine besondere Berücksichtigung der Belange der Kinder beinhalten.
3. Kontaktabbrüche sind relativ häufig, sie verursachen dennoch viel Leid bei den Betroffenen. Hier gilt es, genau hinzuschauen und normative Vorannahmen zu vermeiden. Langanhaltende und verfestigte Kontaktabbrüche, die sich aus elterlichen Konfliktdynamiken ergeben, stellen Betroffene, aber auch Fach-

6 Hochkonflikthafte Konstellationen und Kontaktabbrüche

kräfte vor große Herausforderungen und sind vermutlich nur langsam und mühsam aufzulösen.

7 Beratungs- und Begleitangebote – Ein Überblick

Trennungssituationen sind besondere Lebenssituationen, die mit vielfältigen Belastungen und Unsicherheiten einhergehen. Gleichzeitig sind Erwachsene gefordert, viele und weitreichende Entscheidungen für sich und die betroffenen Kinder zu treffen. Es ist daher in vielen Fällen ratsam, das breite Angebot an Beratungs- und Unterstützungsmöglichkeiten für Eltern, Familien und Kinder zu nutzen. Beratung kann nicht nur in existenziellen Notlagen helfen, sondern auch dabei, gute Entscheidungen zu treffen, sich konstruktiv auseinander zu setzen und das Lebensereignis gut zu verarbeiten. Im Bereich der Beratung gibt es eine Vielfalt an Trägern und Institutionen, daher möchten wir hier nur auf die Wichtigsten verweisen. Da solche Beratungs- und Unterstützungsangebote von jedem unterschiedlich erlebt werden, kann es sinnvoll sein, sich mehrere solche Angebote anzusehen und zu überlegen, was und wer einem in der eigenen Situation am besten helfen kann.

7.1 Trennungs- und Scheidungsberatung, Erziehungsberatung

Eltern haben in Deutschland nach dem Kinder- und Jugendhilfegesetz unabhängig vom Sorgerechtsstatus Anspruch auf Beratung, sofern sie »für ein Kind oder einen Jugendlichen zu sorgen haben oder tatsächlich sorgen«. Dazu zählt die Beratung in Fragen der Partnerschaft, Scheidung und Trennung (§ 17 SGB VIII), die laut Gesetz die Ziele verfolgen soll

»1. ein partnerschaftliches Zusammenleben in der Familie aufzubauen, 2. Konflikte und Krisen in der Familie zu bewältigen, 3. im Fall der Trennung oder Scheidung die Bedingungen für eine dem Wohl des Kindes oder des Jugendlichen förderliche Wahrnehmung der Elternverantwortung zu schaffen.«

Wenn ein Elternpaar einen Scheidungsantrag stellt, darf das Jugendamt darüber informiert werden, um die Eltern wiederum auf genau solche Beratungsangebote hinzuweisen. Oft ist es aber natürlich sinnvoll, solche Beratungsangebote bereits vor einer Scheidung zu nutzen, um vielleicht schon vorab zu einer tragfähigen Einigung zu gelangen. Die Beratungsrechte von Eltern in Trennungs- und Scheidungssituationen umfassen zudem auch Beratung bezüglich der Ausübung der Personensorge und des Umgangsrechtes (§ 18 SGB VIII), was u.a. Fragen der Einforderung von Unterhaltsansprüchen einschließt. Diese Beratungsangebote stehen Eltern grundsätzlich kostenlos zu, ebenso die thematisch noch etwas offenere Erziehungsberatung (§ 28 SGB VIII), die »Kinder, Jugendliche, Eltern und andere Erziehungsberechtigte bei der Klärung und Bewältigung individueller und familienbezogener Probleme und der zugrunde liegenden Faktoren, bei der Lösung von Erziehungsfragen sowie bei Trennung und Scheidung« unterstützen soll. Gerade im Rahmen letzterer geht es auch um psychosoziale Fragen sowie um eine Aufarbeitung der Trennungs- und Scheidungserfahrungen aller Familienmitglieder.

Obgleich rechtlich drei verschiedene Beratungsrechte relevant sind, werden diese meist in Mischform und in den gleichen Beratungsstellen angeboten und vorgenommen. Nur selten sind die etwas engeren und formaleren Angebote nach § 17 und § 18 beim Jugendamt direkt angesiedelt und die weitere und umfassendere Erziehungsberatung dann in den Beratungsstellen freier Träger wie Caritas, Diakonie, AWO, Pro Familia etc. Je nach Kommune gibt es also Unterschiede in der Organisation dieser Angebote, da jedoch ein

Rechtsanspruch auf Unterstützung besteht, gibt es ein flächendeckendes Netz dieser Angebote. In den Beratungsstellen sind meist interdisziplinäre Teams aus Sozialpädagog*innen und Therapeut*innen tätig, die mit vielfältigen Methoden und Ansätzen arbeiten. Dabei kann – je nach Thema, Möglichkeiten und Bereitschaft, mitzuwirken – mit beiden Elternteilen, der ganzen Familie, aber auch mit einzelnen Elternteilen sowie mit den Kindern gearbeitet werden. Ergänzend werden manchmal auch Informationsabende und Gruppenangebote für Eltern organisiert sowie Kindergruppen. In den Beratungsstellen werden zwar Rechtsaspekte auch berührt, die psychosoziale Beratung für ein ausreichend gutes Familienleben, auch im Sinne des Kindeswohles, steht jedoch im Vordergrund.

> Beratungsstellen in Ihrer Nähe finden Sie u.a. über die Datenbanken dieser Dachverbände:
>
> - Bundeskonferenz für Erziehungsberatung e. V.: https://www.bke.de/
> - Deutsche Arbeitsgemeinschaft für Jugend- und Eheberatung e. V.: https://www.dajeb.de/
> - Beratung und wichtige Hinweise für Eltern in der Trennungszeit online: https://www.app-wien.at/
> - In Österreich: https://www.familienberatung.gv.at/
> - In der Schweiz: https://www.kinderschutz.ch/angebote/beratungs-und-meldestellen

7.2 Rechtsberatung

Umfassende Rechtsberatung sowie Rechtsvertretung mit Blick auf alle Fragen, die sich rund um eine Trennung oder Scheidung ergeben, bieten dagegen Rechtsanwält*innen an, die auf Familienrecht spezialisiert sind. Für ein Scheidungsverfahren muss mindestens eine*r der beiden Ehepartner*innen eine*n Rechtsanwält*in nehmen, der anwaltschaftlich aber immer nur eine Partei vertreten kann, um nicht in Interessenskollisionen zu kommen. Die zweite Partei kann auf Unterstützung verzichten oder eine*n andere*n Anwält*in wählen. Neben einer einfachen Internetsuche sowie dem Herumfragen im Bekanntenkreis lassen sich auch über die zuständigen Berufskammern Listen der zugelassenen Rechtsanwält*innen finden. Weiteres dazu findet man über die Seite der Bundesrechtsanwaltskammer. Einige Rechtsanwält*innen bieten auch Mediation an, das heißt sie versuchen, mit beiden Partner*innen gemeinsam Lösungen für die Trennung zu finden – zu finanziellen Themen, der Wohnsituation, aber vor allem auch zur Klärung des Umgangs mit den Kindern. Ergebnis einer Mediation bei eine*r Rechtsanwält*in kann eine sogenannte Scheidungsfolgenvereinbarung sein, die, nach einer Beurkundung durch eine*n Notar*in, auch vieles in einem Scheidungsverfahren zu Klärende vorab einvernehmlich festlegen kann. Mediator*innen sind zur Neutralität verpflichtet. Manchmal kann es daher sinnvoll sein, sich zusätzlich noch einzeln beraten zu lassen, um Verhandlungsspielräume, gerade in finanziellen Fragen, gut auszuloten.

- Bundesrechtsanwaltskammer: https://www.brak.de/
- Eine*n Mediator*in finden: https://mediation.anwaltverein.de/nc/mediatorensuche
- Informationen auch unter: https://www.scheidung.org/mediation/

7.3 Therapeutische Angebote

Wenn einzelne Familienmitglieder sehr stark durch die Trennung belastet sind oder bereits bestehende Belastungen in der stressreichen Phase der Trennung akut werden, ist auch therapeutische Hilfe möglich. Bei Psychotherapeut*innen oder Kinder- und Jugendpsychotherapeut*innen mit Kassenzulassung werden die Kosten dabei von der Krankenkasse übernommen. Allerdings ist es oftmals nicht ganz leicht, hier kurzfristig Termine zu bekommen, da die Therapeut*innen mit Kassenzulassung oft überlastet sind. Für Selbstzahler finden sich auch viele privat abrechnende Therapeut*innen und es gibt ein breites Angebot verschiedener Freiberufler*innen, die niedrigschwelligeres Coaching und Beratung anbieten, wenn es eher darum geht, die eigenen Gedanken und Gefühle mit eine*r Außenstehenden zu sortieren. Schauen sie hier auf die vorhandenen Ausbildungs- und Weiterbildungshintergründe (z.B. tiefenpsychologische, systemische, gestalttherapeutische, kunsttherapeutische etc. Ausbildungen) und darauf, ob es anerkannte Abschlüsse und Mitgliedschaften in Institutionen gibt, sowie auf die Berufserfahrungen der Berater*innen. Wenn sie nicht sicher sind, wer für Sie in Frage kommt, gibt es auch hierzu Beratungsangebote. Bei Therapeut*innen gibt es zudem probatorische (auf Probe) Sitzungen und man kann das Angebot wechseln, wenn Sie keine gute Beratungsbeziehung erleben.

Auch Psycholog*innen können Mediation anbieten, dann geht es um eine Aufarbeitung und Klärung der emotionalen Verwicklungen der Trennung, um auf diese Wege neue Lebensmodelle und gute Lösungen für alle Beteiligen zu finden.

- Bundespsychotherapeutenkammer: https://www.bptk.de/service/therapeutensuche
- Therapeutensuche von ProPsychotherapie e. V.: https://www.therapie.de/psyche/info/
- Eine*n Mediator*in finden: https://www.mediator-finden.de/

> ♦ Assoziation Schweizer Psychotherapeuten: https://psychothe rapie.ch/wsp/
> ♦ Österreichischer Bundesverband für Psychotherapie: https://www.psychotherapie.at/

7.4 Familienbildungsangebote, Elternkurse

Auch in Familienbildungsstätten werden vielfältige Angebote rund um das Thema Trennung und Scheidung angeboten. Dabei ist die Familienbildung überwiegend über einzeln buchbare Kurse zu bestimmten Themen organisiert, in der Sie in der Gruppe an mehreren wiederkehrenden Terminen sich in Form von Vorträgen, gemeinsamer Diskussion und Austausch sowie mithilfe von praktischen Übungen mit bestimmten Themen auseinandersetzen. Dabei sind Angebote der Familienbildung nicht nur in eigenständigen, oft kirchlich getragenen, manchmal aber auch städtischen Familienbildungsstätten organisiert, sondern werden teilweise auch im Rahmen der Erwachsenenbildung zum Beispiel an Volkshochschulen, in Kindergärten, aber auch in Erziehungsberatungsstellen angeboten. Da die Familienbildung in Deutschland nicht wie in der Schweiz oder in Österreich in einem bundesweiten Dachverband organisiert ist, kann regional nur eine Internetsuche oder eine Anfrage beim Jugendamt bei der Suche nach Angeboten weiterhelfen. Ein gegenwärtig weit verbreitetes und langjährig wissenschaftlich begleitetes Elternbildungsangebot stellt der Kurs »Kinder im Blick« dar (Walper/Krey 2011). Dieser nimmt einen systemischen Blick auf Familien ein und thematisiert vor allem Aspekte der Selbstsorge und die Stärkung von Elternkompetenzen in einer schwierigen familialen Situation und schließlich Möglichkeiten zur Begrenzung von Konflikten zwischen den Eltern. Etwas weniger verbreitet und vor allem die Eltern-Kind-Beziehung und die Stärkung von Bindungen fokussierend ist das

WIR2-Training (ehemals PALME). Dies sind nur zwei Beispiele für vielfältige Kurse rund um das Thema.

Weitere Informationen und eine Übersicht von lokalen Anbietern finden sich hier:

- Kinder im Blick: https://www.kinder-im-blick.de/
- Wir2 (PLAME): https://www.walter-bluechert-stiftung.de/projekte/wir2/
- Katholische Familienbildung Deutschland: https://www.familienbildung-deutschland.de/
- Evangelische Familienbildung Deutschland: https://www.eaf-bund.de/
- Familienbildung Österreich: https://www.eltern-bildung.at
- Familienbildung Schweiz: https://www.elternbildung.ch

7.5 Selbsthilfegruppen

Während die bisher genannten Angebote nahezu ausschließlich von professionell-beruflichen Kräften geleitet und organisiert werden, setzen Selbsthilfeangebote auf den Erfahrungsschatz von Betroffenen sowie auf den positiven Effekt, hier erfahren zu können, dass man »nicht alleine« ist. Betroffene finden hier oft wohlgesonnene Zuhörer*innen, Leidensgenoss*innen und soziale Kontakte. Andere haben Trennungen vielleicht ähnlich erlebt, ähnliche Erfahrungen gemacht oder auch anregende andere Erfahrungen und können von ihren Lösungen und Schwierigkeiten berichten. Selbsthilfegruppen treffen sich normalerweise in einem regelmäßigen wöchentlichen Turnus und leben von den mitgebrachten Themen ihrer Teilnehmer*innen sowie dem Engagement von Menschen, die schon lange an diesen Gruppen teilnehmen oder diese sogar ehrenamtlich leiten. Kontakte zu Selbsthilfegruppen können oft Erziehungsberatungsstellen, die Jugendämter, aber auch seelsorgerische Einrichtungen, die Telefonseelsorge oder andere Beratungstelefone (»Nummer gegen Kummer«) vermitteln, teilweise gibt es auch im Internet Suchportale, so z. B. für NRW.

- Selbsthilfenetz (NRW): https://www.selbsthilfenetz.de/

7.6 Spezielle Angebote für Frauen, Männer, Kinder

Bereits recht lange und an vielen der oben genannten Stellen gibt es auch spezielle Angebote für Frauen – etwa im Sinne von Selbsthilfegruppen, Gruppenangeboten der Familienbildung oder auch spezielle Frauenberatungsstellen. Diese berücksichtigen die Geschlechterspezifik eines Trennungsgeschehens besonders und bieten einen gewissen Schutzraum bzw. ein für manche Themen aus Sicht mancher Betroffener vielleicht besseren Gesprächsrahmen, beziehen sich nicht selten auf geschlechterpolitische Zielstellungen und stehen oft der Frauenbewegung nahe. Analog dazu gibt es vereinzelt auch spezielle Angebote für Männer in der Familienbildung. Davon zu unterscheiden sind noch mal stärker auf Lobbyarbeit ausgerichtete Gruppen, die sich aus ihrer Sicht analog zu einer Frauenbewegung für Väterrechte einsetzen. Spezielle Angebote für Kinder, die von Scheidung betroffen sind, wurden in Deutschland in den 1990er Jahren entwickelt. Gleichwohl sind diese noch nicht besonders verbreitet und es hat sich kein spezifisches Programm klar etabliert (Meyer 2013).

- Beratung zu Körper, Sexualität, Partnerschaft und Trennung: https://www.profamilia.de/

- Bundesverband der Alleinerziehenden mit breitem Informations- und Vernetzungsangebot: https://www.vamv.de/vamv-startseite
- Parteilich für die Belange von Vätern: https://vaeter-netzwerk.de/

7.7 Hilfen bei Gewalt – Frauenhäuser und Männertelefon

Für gewaltbetroffene Frauen gibt es bundesweit Frauenhäuser – meist in größeren Städten –, in denen gewaltbetroffene Frauen mit ihren Kindern (manchmal mit Ausnahme älterer Söhne) Schutz und Hilfe finden sowie Angebote, die Folgen der Gewalt zu bearbeiten und zu überwinden. Zum Schutz der Frauenhäuser werden ihre Adressen meist nicht öffentlich bekannt gegeben und der Erstkontakt erfolgt meist telefonisch. Fachberatungsstellen zu Gewalt gegen Frauen und Jugendämter vermitteln diese Hilfeleistung, es gibt aber zudem auch ein bundesweites Hilfetelefon in Deutschland und Österreich. Beratungsstellen und Ansprechpartner*innen lassen sich über den Dachverband der Frauenhauskoordinierung recherchieren.

Männer sind zwar seltener von Gewalt in Partnerschaften betroffen, auch dies kommt allerdings vor. Lange war dies kein relevantes Thema, im Zuge gewandelter Geschlechterrollen wird dies auch langsam thematisiert. Es existiert dabei kein vergleichbares Hilfenetz, aber inzwischen ein spezialisiertes Beratungstelefon für »Gewalt an Männern«, das auch zu Partnerschaftsgewalt berät.

Deutschland

- Hilfetelefon »Gewalt gegen Frauen«: 08000 116 016, www.hilfetelefon.de
- Hilfetelefon »Gewalt an Männern«: 0800 123 99 00, www.maennerhilfetelefon.de
- Frauenhauskoordinierung/Angebotssuche: www.frauenhauskoordinierung.de/hilfe-bei-gewalt/frauenhaus-und-fachberatungsstellensuche

Österreich

- Hilfetelefon »Frauenhelpline gegen Gewalt«: 0800 222 555, http://www.frauenhelpline.at/
- Hilfetelefon »Männernotruf«: 0800 246 247, https://maennernotruf.at/
- Frauenhausliste: https://www.aoef.at/index.php/frauenhaeuser

Schweiz

- Frauenhilfetelefon: offenbar kantonal organisiert. Beratungsstellen mit Telefonkontakten sind hier zu finden: https://www.opferhilfe-schweiz.ch/de/wo-finde-ich-hilfe/
- Männerhilfetelefon: Angebote u.a. in Bern, Luzern und Zürich. Telefonische Kontakte hier: https://www.zwueschehalt.ch/home/
- Schutzstellen für Frauen und ihre Kinder, Jugendliche und Männer: https://www.opferhilfe-schweiz.ch/de/was-ist-opferhilfe/schutz/

Literatur

Alberstötter, U. (2005): Kooperation als Haltung und Strategie bei hochstrittigen Eltern-Konflikten. In: Kind-Praxis 3/2005, 83–93.
Alberstötter, U. (2013): Der gesellschaftliche Kontext von Hochkonflikthaftigkeit. In: M. Weber, U. Alberstötter & H. Schilling (Hg.): Beratung von Hochkonflikt-Familien (S. 19–40). Weinheim: Beltz Juventa.
APP Wien, Arbeitskreis für psychoanalytische Pädagogik (o.J.): 18 Empfehlungen, für Eltern, die sich trennen wollen, und 7 Punkte, warum es so schwer ist, sie einzuhalten. Verfügbar über: https://www.app-wien.at/18-empfehlungen, letzter Zugriff: 23.08.2022.
Auchter, T. (2019): Trauer. Gießen: Psychosozial.
Balloff, R. (2018): Kinder vor dem Familiengericht: Praxishandbuch zum Schutz des Kindeswohls unter rechtlichen, psychologischen und pädagogischen Aspekten. Baden-Baden: NOMOS.
Baumann, M., Michel-Biegel, C., Rücker, S., Serafin, M. & Wiesner, R. (2022a): Zur Notwendigkeit professioneller Intervention bei Eltern-Kind-Entfremdung – Teil 1. In: Zeitschrift für Kindschaftsrecht und Jugendhilfe, 17 (7), 244–252.
Baumann, M., Michel-Biegel, C., Rücker, S., Serafin, M. & Wiesner, R. (2022b): Zur Notwendigkeit professioneller Intervention bei Eltern-Kind-Entfremdung – Teil 2. In: Zeitschrift für Kindschaftsrecht und Jugendhilfe, 17 (8), 292–299.
Baumann, M. & Bolz, T. (2021): Loyalitätskonflikte, Eltern-Kind-Entfremdung und Umgangsstreitigkeiten als juristische, gutachterliche und beraterische Krise – eine bindungsdynamische Perspektive. In: Zeitschrift für Kindschaftsrecht und Jugendhilfe, 16 (6), 212–252.
Behrend, K. (2009): Kindliche Kontaktverweigerung nach Trennung der Eltern aus psychologischer Sicht. Entwurf einer Typologie. Dissertation. Universität Bielefeld. Verfügbar über: https://pub.uni-bielefeld.de/record/2301270, letzter Zugriff: 26.08.2022.
Beigang, S., Fetz, K., Kalkum, D. & Otto, M. (2017): Diskriminierungserfahrungen in Deutschland. Ergebnisse einer Repräsentativ- und einer Betroffenenbefragung. Baden-Baden: Nomos.
Berger, P. L. & Kellner, H. (1965): Die Ehe und die Konstruktion der Wirklichkeit. In: Soziale Welt, 16 (3), 220–235.
Berghahn, S. (2011) Der Ritt auf der Schnecke – Rechtliche Gleichstellung in der Bundesrepublik Deutschland. Gender-politik-online. Verfügbar über: https://

Literatur

www.fu-berlin.de/sites/gpo/pol_sys/gleichstellung/Der_Ritt_auf_der_Schnecke/Ritt-Schnecke-Vollstaendig.pdf, letzter Zugriff: 26.08.2022.

Bertram, H. (2000): Die verborgenen familiären Beziehungen in Deutschland: Die multilokale Mehrgenerationenfamilie. In: M. Kohli & M. Szydlik (Hg.): Generationen in Familie und Gesellschaft. Lebenslauf – Alter – Generation (S. 97–121). Wiesbaden: VS.

BGH, Bundesgerichtshof (1956): Beschluss vom 14.07.1956 – IV ZB 22/56. In: FamRZ 1956, 350.

BGH, Bundesgerichtshof (1978): Urteil vom 14.06.1978 – IV ZR 164/77. Verfügbar über: https://dejure.org/, letzter Zugriff: 18.09.2022.

BGH, Bundesgerichtshof (2008): Beschluss vom 14.05.2008 – XII ZB 225/06: Verfügbar über: https://dejure.org/, letzter Zugriff: 18.09.2022.

BGH, Bundesgerichtshof (2014): Urteil vom 12.03.2014 – XII ZB 234/13. Verfügbar über: https://dejure.org/, letzter Zugriff: 18.09.2022.

BGH, Bundesgerichtshof (2017a): Urteil vom 11.01.2017 – XII ZB 565/15. Verfügbar über: https://dejure.org/, letzter Zugriff: 18.09.2022.

BGH, Bundesgerichtshof (2017b): Urteil vom 01.02.2017 – XII ZB 601/15. Verfügbar über: https://dejure.org/, letzter Zugriff: 18.09.2022.

BKA, Bundeskriminalamt (2021) Partnerschaftsgewalt. Kriminalstatistische Auswertung – Berichtsjahr 2020. Wiesbaden: Bundeskriminalamt. Verfügbar über: https://www.bka.de/, letzter Zugriff am 26.08.2022.

BMFSJ, Bundesministerium für Familie, Senioren, Frauen und Jugend (2013): Stief- und Patchworkfamilien in Deutschland, Monitor Familienforschung 31. Verfügbar über: https://www.bmfsfj.de/, letzter Zugriff 26.08.2022.

Bogyi, G. (2006): Magisches Denken und die Verarbeitung von traumatischen Ereignissen. In: K. Steinhardt, C. Büttner & B. Müller (Hg.): Kinder zwischen drei und sechs. Bildungsprozesse und psychoanalytische Pädagogik im Vorschulalter (S. 39–56). Gießen: Psychosozial.

Borelli, J. (2019): Bindungen entflechten: Entwicklungswege nach der Scheidung. In: K.-H. Brisch (Hg.): Bindung – Scheidung – Neubeginn. Möglichkeiten der Begleitung, Beratung, Psychotherapie und Prävention (S. 95–110). Stuttgart: Klett Cotta.

Brandes, H. (2008): Selbstbildung in Kindergruppen. Die Konstruktion sozialer Beziehungen. München, Basel: Ernst Reinhardt.

Brisch, K.-H. (2008): Bindung und Umgang. In: Deutscher Familiengerichtstag (Hg.): Siebzehnter Deutscher Familiengerichtstag vom 12. bis 15. September 2007 in Brühl (Brühler Schriften zum Familienrecht, Band 15, S. 89–135). Bielefeld: Gieseking.

Brisch, K.-H. (2009): Bindungsstörungen. Stuttgart: Klett-Cotta.

Brisch, K.-H. (2019): Psychotherapie mit Kindern im Scheidungskonflikt der Eltern. In: Ders. (Hg.): Bindung – Scheidung – Neubeginn (S. 240–256). Stuttgart: Klett-Cotta.

Bumiller, U., Harders, D. & Schwamb, W. (2019): FamFG: Gesetz über das Verfahren in Familiensachen und in Angelegenheiten der freiwilligen Gerichtsbarkeit – Kommentar. München: C. H. Beck.

Bürgin, D. (1998): Triangulierung. Der Übergang zur Elternschaft. Stuttgart: Schattauer.

Burkart, G. (2018): Soziologie der Paarbeziehung. Eine Einführung. Wiesbaden: Springer VS.

Cornelißen, W. & Monz, A. (2016): Coparenting: Wie kooperieren Eltern in Bezug auf die Versorgung, Betreuung und Erziehung ihrer Kinder nach einer Trennung. In: Zeitschrift für Soziologie der Erziehung und Sozialisation, 36 (1), 23–38.

Cummings, E. M. & Bergman, K. (2019): Die Theorie der emotionalen Sicherheit. In: K.-H. Brisch (Hg.): Bindung – Scheidung – Neubeginn (S. 49–62). Stuttgart: Klett-Cotta.

Diabeté, S. (2015): Mutterleitbilder: Spagat zwischen Autonomie und Aufopferung. In: N. F. Schneider, S. Diabeté & K. Ruckdeschel (Hg.): Familienleitbilder in Deutschland. Kulturelle Vorstellungen zu Partnerschaft, Elternschaft und Familienleben (S. 207–226). Opladen, Berlin, Toronto: Barbara Budrich.

Diem-Wille, G. (2015): Latenz – das »goldene Zeitalter« der Kindheit. Stuttgart: Kohlhammer.

DJT, Deutscher Juristentag (2018) Beschlüsse des 72. Deutschen Juristentags. Leipzig. Verfügbar über: https://djt.de/wp-content/uploads/2020/03/181130_djt_internet_72_beschluesse.pdf, letzter Zugriff: 18.09.2022.

EBG, Eidgenössisches Büro für die Gleichstellung von Frau und Mann, Fachbereich Gewalt (2020): Gewalt in Trennungssituationen, Gewaltspezifische Informationen 1. Verfügbar über: https://www.ebg.admin.ch/dam/ebg/de/dokumente/haeusliche_gewalt/infoblaetter/b1.pdf.download.pdf/b1_gewalt-in-trennungssituationen.pdf, letzter Zugriff: 26.08.2022.

Ecarius, J. (2002): Familienerziehung im historischen Wandel: Eine Qualitative Studie über Erziehung und Erziehungserfahrungen von drei Generationen, Opladen: Leske und Budrich.

Eckert, J. (2021): Cooling out after breaking up. Milieuunterschiede im Umgang mit dem Beziehungsscheitern. In: Berliner Journal für Soziologie, 31, 385–414.

Eckert, J, Bub, E.-M. & Koppetsch, C. (2019): Über Trennungen erzählen: zur Milieuspezifik von Trennungslegitimationen und narrativen Identitäten. In:

Forum Qualitative Sozialforschung, 20(1), Art. 14. Verfügbar über: http://dx.doi.org/10.17169/fqs-20.1.3078, letzter Zugriff: 11.05.2023.

Entleitner-Phleps, C. & Langmeyer-Tornier, A. (2015): Coparenting, Kontakthäufigkeit und Sorgerecht in Trennungsfamilien. In: S. Walper, W. Bien & T. Rauschenbach (Hg.): Aufwachsen in Deutschland heute. Erste Befunde aus dem DJI-Survey AID:A 2015 (S. 34–36) München: Deutsches Jugendinstitut.

Euteneuer, M. & Uhlendorff, U. (2020): Familie und Familienalltag als Bildungsherausforderung. Weinheim: Beltz Juventa.

Figdor, H. (1998): Scheidungskinder – Wege der Hilfe. Gießen: Psychosozial.

Figdor, H. (2012): Kinder aus geschiedenen Ehen: Zwischen Trauma und Hoffnung. Gießen: Psychosozial.

Fröhlich, H. (2004): Risiko- und Schutzfaktoren: Forschungsergebnisse und Interventionsmöglichkeiten unter besonderer Berücksichtigung von Armut. In: Bundeskonferenz Erziehungsberatung (Hg.): Arme Familien gut beraten (S. 30–40). Verfügbar über: https://www.bke.de/sites/default/files/medien/dokumente/buecher/1257417004_Arme%20familien%20PM%2072.pdf, letzter Zugriff: 11.05.2023.

Fthenakis, W. E., Kalicki, B. & Peitz, G. (2002) Paare werden Eltern. Die Ergebnisse einer LBS-Familien-Studie. Opladen: Leske & Budrich.

George, C. (2019): Wie erleben sehr kleine Kinder die Trennung der Eltern? Überlegungen zur Ausgestaltung des Sorgerechts aus bindungstheoretischer Perspektive. In: K. H. Brisch (Hg.): Bindung – Scheidung – Neubeginn (S. 81–94). Stuttgart: Klett-Cotta.

Gerner, S. (2012): Migration, Gender und sozialer Wandel. Zur Dynamik von Beharrung und Transformation im Spannungsfeld von Migration, Scheidung und Adoleszenz. In: M. Bereswill, P. Rieker & A. Schnitzer (Hg.): Migration und Geschlecht. (S. 40–63). Weinheim: Beltz Juventa.

Göppel, R. (2020): Resilienz aus biographischer Perspektive. In: G. Opp, M. Fingerle & G. J. Suess (Hg.): Was Kinder stärkt. Erziehung zwischen Risiko und Resilienz (S. 156–170). München: Ernst Reinhardt.

Grünewald, K. (2021): Glückliche Patchworkpaare: Wie die Liebe mit neuer Familie gelingt. Weinheim: Beltz.

Grunow, D. & Baur, N. (2014): Die Korrespondenz von normativen Vorstellungen und Handeln. Das Beispiel männlicher Hausarbeit. In: Comparative Population Studies, 39 (3), 479–520.

Günther, M., Heilmann, J. & Kerschgens, A. (2019): Adoleszenz im Kontext multipler Problemlagen. In: Verein für Psychoanalytische Sozialarbeit Rottenburg und Tübingen (Hg.): Vermeidung der Welt und des Anderen (S. 83–106). Frankfurt: Brandes und Apsel.

Gürbüz, S. (2018): Familien- und Kindschaftsrecht für die Soziale Arbeit. München: Ernst Reinhardt.

Haase, D. (2018): Schulvermeidung konstruktiv begegnen. In: G. Götting, C. Bromann, M. Möller, M. Piorunek, M. Schattanik & A. Werner (Hg.): Zeit geben - Bindung stärken. Konzepte der Beratung (S. 200-215). Weinheim: Beltz Juventa.

Hammer, W. (2022): Familienrecht in Deutschland - Eine Bestandsaufnahme. Norderstedt. Verfügbar über: https://www.familienrecht-in-deutschland.de/studie/, letzter Zugriff: 28.03.2023.

Hantel-Quitmann, W. (2013): Basiswissen Familienpsychologie. Familienverstehen und helfen. Stuttgart: Klett-Cotta.

Herzer, M. (2006): Ehescheidung als sozialer Prozess (Online-Ausgabe). Mainz. Verfügbar über: https://core.ac.uk/download/pdf/197831562.pdf, letzter Zugriff: 23.08.2022.

Hopf, H. (2018): Schulangst und Schulphobie. Frankfurt: Brandes und Apsel.

Hubert, S., Neuberger F. & Sommer, M. (2020): Alleinerziehend, alleinbezahlend? Kindesunterhalt, Unterhaltsvorschuss und Gründe für den Unterhaltsausfall. In: Zeitschrift für Soziologie der Erziehung und Sozialisation, 40 (1), 19-38.

IFD Allensbach, Institut für Demoskopie Allensbach (2017): Getrennt gemeinsam erziehen. Befragung von Trennungseltern im Auftrag des BMFSFJ. Untersuchungsbericht. Verfügbar über: https://www.ifd-allensbach.de/fileadmin/studien/Abach_Trennungseltern_Bericht.pdf, letzter Zugriff: 23.08.2022.

Illouz, E. (2007): Gefühle im Zeitalter des Kapitalismus. Frankfurt a.M. Suhrkamp.

Illouz, E. (2011): Warum Liebe weh tut: eine Soziologische Erklärung. Frankfurt a.M.: Suhrkamp.

Illouz, E. (2018): Warum Liebe endet. Eine Soziologie negativer Beziehungen. Frankfurt a.M.: Suhrkamp.

Jaffe, A. M., Thakkar, M. & Piron, P. (2017): Denial of ambivalence as a hallmark of parental alienation. In: Cogend Psychology, 4 (1), 1-15.

Jellouschek, H. (2010): Partnerschaftliches Zusammenleben: Das Paar in der Familie. In: Staatsinstitut für Frühpädagogik und Medienkompetenz (IFP) (Hg.): Familienhandbuch. Verfügbar über: https://www.familienhandbuch.de/, letzter Zugriff: 23.08.2022.

Johnston, J. R. & Sullivan, M. J. (2020): Parental Alienation: In search of common ground for a more differentiated theory. In: Family Court Review, 58 (2), 270-292.

Jost, K. (2004): Auswirkungen der Armut bei Kindern und Jugendlichen. In: Bundeskonferenz Erziehungsberatung (Hg.): Arme Familien gut beraten (S. 30-40). Verfügbar über: https://www.bke.de/sites/default/files/medien/

Literatur

dokumente/buecher/1257417004_Arme%20familien%20PM%2072.pdf, letzter Zugriff: 11.05.2023.

Jungbauer, J. (2014) Familienpsychologie kompakt. Weinheim: Beltz PVU.

Kehr, G. & Köpp, W. (2021): Übertragungsfokussierte Psychotherapie mit schwer gestörten Jugendlichen. Gießen: Psychosozial.

Keil, J. & Langmeyer, A. N.(2020): Vater-Kind Kontakt nach Trennung und Scheidung: Die Bedeutung struktureller sowie intrafamilialer Faktoren. In: Zeitschrift für Soziologie der Erziehung und Sozialisation, 40 (1), 39–61.

Keil de Ballón, S. (2018): Hocheskalierte Elternkonflikte nach Trennung und Scheidung, Einführung in die Beratung von Eltern bei Hochstrittigkeit. Wiesbaden: Springer VS.

Kerschgens, A. (2008): »Dass du eben auch als Mutter richtig weltklasse bist, das steigert auch noch mal die Liebe«. Deutungs- und Beziehungsmuster im Kontext elterlicher Arbeitsteilung anhand eines Forschungsgespräches. In: H.-J. Busch & A. Ebrecht (Hg.): Liebe im Kapitalismus (S: 197–220). Gießen: Psychosozial.

Kerschgens, A. (2009): Die Widersprüchliche Modernisierung der Elterlichen Arbeitsteilung: Alltagspraxis, Deutungsmuster und Familienkonstellation in Familien mit Kleinkindern. Wiesbaden: VS.

Lang-Langer, E. (2009): Trennung und Verlust. Fallstudien zur Depression in Kindheit und Jugend. Frankfurt: Brandes und Apsel.

Langmeyer, A. & Entleitner-Phelps, C. (2018): Coparenting in Trennungsfamilien. In: E. Geisler, K. Köppen, M. Kreyenfeld, H. Trappe & M. Pollmann-Schult (Hg.): Familien nach Trennung und Scheidung in Deutschland. (S. 24–25). Verfügbar über: https://www.soz.ovgu.de/isoz_media/ Methoden/Familien_Trennung_Scheidung.pdf, letzter Zugriff: 23.08.2022.

Lenz, K. (2009a): Paare in der Aufbauphase. In: K. Lenz & F. Nestmann (Hg.): Handbuch Persönliche Beziehungen (S. 189–220). Weinheim, München: Juventa.

Lenz, K. (2009b): Soziologie der Zweierbeziehung. Eine Einführung. Wiesbaden: VS.

Lenze, A. (2021): Alleinerziehende weiter unter Druck. Bedarfe, rechtliche Regelungen und Reformansätze. Gütersloh: Bertelsmann Stiftung.

Leuzinger-Bohleber, M. (2009): Resilienz – eine neue Forschungsperspektive auf frühe Entwicklungsprozesse. In: M. Leuzinger-Bohleber, J. Canestri & M. Target (Hg.): Frühe Entwicklung und ihre Störungen (S. 18–39). Frankfurt: Brandes und Apsel.

Leuzinger-Bohleber, M. (2019): Flucht, Migration, Trauma und die frühe Elternschaft. In: U. A. Müller (Hg.): »There is no such thing as a baby«. Zur gegenwärtigen Bedeutung der frühkindlichen Entwicklung im Anschluss an D. W. Winnicott (S. 37–62). Gießen: Psychosozial.

Linden, M. (2017): Die Verbitterungsstörung. Göttingen: Hogrefe.

Linden, M., Schippan, B., Baumann, K. & Spielberg, R. (2004): Die Posttraumatische Verbitterungsstörung (PTED). In: Nervenarzt, 75 (1), 51–57.

Loetz, C. & Müller, J. (o.J.): Folge 62: Wohin die Liebe fällt: Psychoanalyse der Paarbeziehung. Verfügbar über: https://psy-cast.org/de/folge-62-wohin-die-liebe-fallt-psychoanalyse-der-paarbeziehung/, letzter Zugriff: 13.09.2022.

Lück, D. (2015): Vaterleitbilder: Ernährer und Erzieher? In: N. F. Schneider, S. Diabeté & K. Ruckdeschel (Hg.): Familienleitbilder in Deutschland. Kulturelle Vorstellungen zu Partnerschaft, Elternschaft und Familienleben (S. 227–236). Opladen: Barbara Budrich.

Mentzos, S. (1982): Neurotische Konfliktverarbeitung. Frankfurt a.M.: Fischer.

Merkle, T. & Wippermann, C. (2008): Eltern unter Druck. Selbstverständnisse, Befindlichkeiten und Bedürfnisse von Eltern in verschiedenen Lebenswelten. Stuttgart: Lucius & Lucius.

Meier, J. (2020): U. S. child custody outcomes in cases involving parental alienation and abuse allegations: what do the data show? In: Journal of Social Welfare and Family Law, 42 (1), 92–105.

Meyer, U.-K. (2013): Trennungs- und Scheidungskindergruppen in der Erziehungs- und Familienberatung. Grundlagen – Konzeption – Evaluation. Inaugural-Dissertation. Phillips-Universität Marburg. Verfügbar über: https://doi.org/10.17192/z2014.0214, letzter Zugriff 11.05.2023.

Miralles, P., Godoy, C. & Hidalgo, M. D. (2021): Long-term emotional consequences of parental alienation exposure in children of divorced parents: A systematic review. Current Psychology, Advance online publication. Verfügbar über: https://doi.org/10.1007/s12144-021-02537-2, letzter Zugriff: 26.08.2022.

Müller, U. A. (Hg.) (2019): »There is no such thing as a baby«. Zur gegenwärtigen Bedeutung der frühkindlichen Entwicklung im Anschluss an D. W. Winnicot. Gießen: Psychosozial.

Perry, A. (2019): Nach Trennung und Scheidung: Können wir Freunde bleiben? In: K.-H. Brisch (Hg.): Bindung – Scheidung – Neubeginn (S. 164–192). Stuttgart: Klett-Cotta.

Peuckert, R. (2019): Familienformen im sozialen Wandel. Wiesbaden: Springer VS.

Rauwald, M. (2009): Trauma und Persönlichkeitsbildung. In: R. Haubl, F. Dammasch & K. H. Krebs (Hg.): Riskante Kindheit. Psychoanalyse und Bildungsprozesse (S. 223–239). Göttingen: Vandenhoek & Ruprecht.

Rohde-Dachser, C. (1987): Ausformungen der ödipalen Dreieckskonstellation bei narzißtischen und bei Borderline-Störungen. In: Psyche, 41(9), 773–799.

Literatur

Schaan, V., Schulz, A. & Vögele, C. (2019): Was Hänschen erlebt – erlebt Hans immer wieder. In: K. H. Brisch (Hg.): Bindung – Scheidung – Neubeginn (S. 34–48). Stuttgart: Klett-Cotta.

Schmidt-Denter, U. (2000). Entwicklung von Trennungs- und Scheidungsfamilien: Die Kölner Längsschnittstudie. In: K. Schneewind (Hg.): Familienpsychologie im Aufwind. Brückenschläge zwischen Forschung und Praxis (S. 203–221). Göttingen: Hogrefe.

Schon, L. (1995): Entwicklung des Beziehungsdreiecks Vater-Mutter-Kind. Stuttgart: Kohlhammer.

Schon, L. (2002): Sehnsucht nach dem Vater ... Die Bedeutung des Vaters und der Vaterlosigkeit in den ersten drei Lebensjahren. In: K. Steinhardt, W. Datler & J. Gstach (Hg.): Die Bedeutung des Vaters in der frühen Kindheit (S. 15–28). Gießen: Psychosozial Verlag.

Schrage, S. (2019): »Lasst mich dazwischen« – von der Dreiseitigkeit der Beziehung im Säugling. In: U. A. Müller (Hg.): »There is no such thing as a baby«. Zur gegenwärtigen Bedeutung der frühkindlichen Entwicklung im Anschluss an D. W. Winnicott (S. 153–170). Gießen: Psychosozial.

Schüler, A. & Löhr, U. (2013): »Die Gruppe ist wie ein Versteck im Gebüsch«. Gruppenarbeit mit Kindern aus (hochkonflikthaften) Trennungs- und Scheidungsfamilien. In: S. Walper, J. Fichtner & K. Normann (Hg.): Hochkonflikthafte Trennungsfamilien (S. 143–156). Weinheim: Beltz Juventa.

Schulz, F. & Blossfeld, H.-P. (2010): Hausarbeit im Eheverlauf. Ergebnisse einer Längsschnittanalyse. In: K. Böllert & N. Oelkers (Hg.): Frauenpolitik in Familienhand? (S. 111–128). Wiesbaden: VS.

Schumann, E. (2018): Gemeinsam getragene Elternverantwortung nach Trennung und Scheidung – Reformbedarf im Sorge-, Umgangs- und Unterhaltsrecht? Gutachten B zum 72. Deutschen Juristentag. München: C. H. Beck.

Schwab, D. (2019): Familienrecht. München: Beck.

Serafin, M. (2019): Wenn Kinder bei elterlicher Trennung den Kontakt ablehnen. In: Jugendhilfereport, 2019 (4), 21–24.

Statistisches Bundesamt (2022a): Bevölkerung. Haushalte und Familien. Verfügbar über: https://www.destatis.de/DE/Themen/Gesellschaft-Umwelt/Bevoelkerung/Haushalte-Familien/_inhalt.html, letzter Zugriff 12.09.2022.

Statistisches Bundesamt (2022b): Bevölkerung. Eheschließungen, Ehescheidungen und Lebenspartnerschaften. Verfügbar über: https://www.destatis.de/DE/Themen/Gesellschaft-Umwelt/Bevoelkerung/Eheschliessungen-Ehescheidungen-Lebenspartnerschaften/_inhalt.html, letzter Zugriff 12.09.2022.

Steinbach, A., Augustijn, L. & Corkadi, G. (2020): Joint Physical Custody and Adolescents' Life Satisfaction in 37 North American and European Countries. In: Family Process, 60 (1), 145-158.

Steinbach, A. & Helms, T. (2020). Gemeinsame Elternschaft in Trennungsfamilien: Das Wechselmodell. In: J. Ecarius & A. Schierbaum (Hg.): Handbuch Familie. Wiesbaden: Springer VS. Verfügbar über: https://doi.org/10.1007/978-3-658-19416-1_62-2, letzter Zugriff: 11.05.2023.

Stiemerling, D. (2006): Wenn Paare sich nicht trennen können. Stuttgart: Klett-Cotta.

Sünderhauf, H. (2013): Wechselmodell: Psychologie – Recht – Praxis. Abwechselnde Kinderbetreuung durch Eltern nach Trennung und Scheidung. Wiesbaden: Springer VS.

Sünderhauf, H. (2020): Praxisratgeber Wechselmodell. Wie Getrennterziehen im Alltag funktioniert. Wiesbaden: Springer.

Taubner, S. (2015): Konzept Mentalisieren: Eine Einführung in Forschung und Praxis. Gießen: Psychosozial.

Trenczek, T., Tammen, B., Behlert, W. & von Boetticher, A. (2018): Grundzüge des Rechts: Studienbuch für Soziale Berufe. München: UTB.

Van Lawick, J. & Visser, M. (2017): Kinder aus der Klemme. Interventionen für Familien in hochkonflikthaften Trennungen. Heidelberg: Carl Auer.

Walper, S. (2018): Elterliche Sorge und Wohn- bzw. Betreuungsarrangements. In: E. Geisler, K. Köppen, M. Kreyenfeld, H. Trappe & M. Pollmann-Schult (Hg.): Familien nach Trennung und Scheidung in Deutschland (S. 16–17). Verfügbar über: https://www.soz.ovgu.de/isoz_media/Methoden/Familien_Trennung_Scheidung.pdf, letzter Zugriff: 23.08.2022.

Walper, S. (2020): Trennungsfamilien in Deutschland: Ein Fokus auf das Engagement von Vätern und Perspektiven von Kindern. In: Zeitschrift für Soziologie der Erziehung und Sozialisation, 40 (1), 4–18.

Walper, S., Amberg, S. & Langmeyer, A. (2020). Familien mit getrennten Eltern. In: J. Ecarius & A. Schierbaum (Hg.): Handbuch Familie. Wiesbaden: Springer VS. Verfügbar über: https://doi.org/10.1007/978-3-658-19416-1_28-1, letzter Zugriff: 23.08.2022.

Walper, S. & Krey, M. (2011): Elternkurse zur Förderung der Trennungsbewältigung und Prävention von Hochkonflikthaftigkeit. Das Beispiel »Kinder im Blick«. In S. Walper, J. Fichtner & K. Normann (Hg.): Hochkonflikthafte Trennungsfamilien. Forschungsergebnisse, Praxiserfahrungen und Hilfen für Scheidungseltern und ihre Kinder (S. 189–212). Weinheim: Juventa.

Walper, S., Kreyenfeld, M., Beblo, M., Hahlweg, K., Nebe, K., Schuler-Harms, M., Fegert, J. M. & der Wissenschaftliche Beirat für Familienfragen (2021): Ge-

Literatur

meinsam getrennt erziehen. Gutachten des Wissenschaftlichen Beirats für Familienfragen beim BMFSFJ. Berlin: Wissenschaftlicher Beirat für Familienfragen beim BMFSFJ.

Walper, S. & Langemeyer A. (2014): Auswirkungen der elterlichen Trennung auf die Entwicklung von Kindern in den ersten Lebensjahren. In: R. Kißgen & N. Heinen (Hg.): Trennung, Tod und Trauer in den ersten Lebensjahren (S. 159–176). Stuttgart: Klett-Cotta.

Weber, M. (2013): Das Wohl des Kindes bei hochstrittiger Elternschaft. In: M. Weber, U. Alberstötter & H. Schilling (Hg.): Beratung von Hochkonflikt-Familien (S. 146–164). Weinheim, Basel: Beltz Juventa.

Weber, M. & Grabow, M. (2018): Auch Ent-Bindung braucht Zeit. In: G. Götting, C. Bromann, M. Möller, M. Piorunek, M. Schattanik & A. Werner (Hg.): Zeit geben, Bindung stärken. Konzepte der Beratung (S. 216–137). Weinheim, Basel: Beltz Juventa.

Weimann-Sandig, N. (2021): Perspektiven von Familienmitgliedern auf das Wechselmodell. Ergebnisse einer explorativen Untersuchung. Schriftenreihe ehs-Forschung, Heft 2 (2021). Dresden.

Weltbank (2022): Fertility rate, total (births per woman). Verfügbar über: https://data.worldbank.org/indicator/SP.DYN.TFRT.IN, letzter Zugriff: 12.09.2022.

Wendt, E.-V. & Walper, S. (2006): Liebesbeziehungen im Jugendalter. Konsequenzen einer elterlichen Scheidung und die Transmission von Beziehungsqualitäten. In: Zeitschrift für Erziehung und Sozialisation, 26 (4), 420–438.

Werner, E. E. (2020): Entwicklung zwischen Risiko und Resilienz. In: G. Opp, M. Fingerle & G. Suess (Hg.): Was Kinder stärkt (S. 10–22). München: Ernst Reinhard.

Willi, J. (1975): Die Zweierbeziehung. Spannungsursachen – Störungsmuster – Klärungsprozesse – Lösungsmodelle. Analyse des unbewußten Zusammenspiels in Partnerwahl und Paarkonflikt: das Kollusionskonzept. Reinbek: rororo.

Winnicott, D. W. (2017 [1978]): Familie und individuelle Entwicklung. Gießen: Psychosozial.

Zartler, U., Kogler, R. & Zuccato-Doutlik, M. (2020): Kindliche Konzepte über Scheidung und Trennung. In: Zeitschrift für Soziologie der Erziehung und Sozialisation, 40 (1), 81–98.

Zimmermann, J., Fichtner, J., Walper, S., Lux, U. & Kindler, H. (2023a): Verdorbener Wein in neuen Schläuchen – Teil 1. Warum wir allzu vereinfachte Vorstellungen von »Eltern-Kind-Entfremdung« hinter uns lassen müssen. In: Zeitschrift für Kindschaftsrecht und Jugendhilfe, 18 (2), 43–49.

Zimmermann, J., Fichtner, J., Walper, S., Lux, U. & Kindler, H. (2023b): Verdorbener Wein in neuen Schläuchen – Teil 2. Warum wir allzu vereinfachte Vorstellungen von »Eltern-Kind-Entfremdung« hinter uns lassen müssen. In: Zeitschrift für Kindschaftsrecht und Jugendhilfe, 18 (2), 83–89.

Der Autor und die Autorinnen

Prof. Dr. Matthias Euteneuer lehrt an der Fliedner Fachhochschule Düsseldorf Theorie und Methoden Sozialer Arbeit. Seine Schwerpunkte liegen in der Sozialpädagogischen Familienforschung, der Sozialen Arbeit mit Familien sowie der Geschichte Sozialer Arbeit. Er ist Mitglied im Sprechergremium des Netzwerks Erziehungswissenschaftliche Familienforschung (EWIFF).

Prof. Dr. Anke Kerschgens ist Soziologin und lehrt an der Fliedner Fachhochschule Düsseldorf psychologische Grundlagen der Sozialen Arbeit. Ihre Schwerpunkte sind Entwicklungspsychologie, Psychoanalytische Pädagogik, Familie und Geschlechterverhältnisse. Sie hat eine gruppenanalytische Weiterbildung (IGA) und ist im Vorstand des Frankfurter Arbeitskreises für Psychoanalytische Pädagogik (FAPP) aktiv.

Der Autor und die Autorinnen

Prof. Dr. Nina Reit-Born lehrt an der Fachhochschule Münster am Fachbereich Sozialwesen. Ihre Schwerpunkte liegen im (deutschen und internationalen) Sozialrecht, dort insbesondere Recht der Kinder- und Jugendhilfe und Existenzsicherungsrecht.